新しい学校を創る教育経営

学校の見方を変える。実践を記述する。

［編著］

日本教育経営学会
実践推進委員会

安藤知子
髙谷哲也
朝倉雅史
一之瀬敦幾
柏木智子
辻野けんま
長倉 守
石﨑ちひろ
吉田尚史

晃洋書房

目　次

序　章　実践事例の研究交流を促進する
　　　　研究コミュニティの形成へ向けて …………………………………… _1_

第1節　新しい学校を創る──日本教育経営学会実践推進委員会の課題意識　_1_
第2節　GRP（good report of practice：実践の良い報告）の在り方の探求へ　_2_
第3節　本書の構成および活用方法　_4_

第Ⅰ部
挑戦する学校経営、教育経営

第1章　ポストコロナの学校へ
──姫路市立豊富小中学校のICT教育への挑戦── ………………………… _8_

第1節　新しい学校を創るとは──私たちの挑戦　_8_
第2節　日常の学び・くらしの中にICT　_10_
第3節　最も大切なこと──私たち一人一人が人生の主役　_14_

第2章　学校再編をきっかけとする地域おこし
──「未来の下田創造プロジェクト」のこれまでとこれから── ……………… _15_

第1節　未来の下田創造プロジェクト　_15_
第2節　新たな挑戦　_21_
第3節　未来の下田創造プロジェクトの示唆するもの　_22_

第3章　平凡なオンリーワンの学校を創る ………………………………… _24_

第1節　誰のための「教育」なのか？　_24_
第2節　教職員の「もち味」を活かし同僚性を育む　_26_
第3節　平凡な日常にある大切なもの　_28_

第4章　少子化の進展の中で選ばれる高等学校を目指して
──清水南高校における特色・魅力を活かした学校経営の挑戦── ………………… _32_

第1節　学校の概要　_32_
第2節　学校の課題　_33_
第3節　魅力ある学校づくりの推進　_34_
第4節　成果と課題　_37_
第5節　静岡県の県立高校の現在地との関連　_37_
第6節　小野田校長の取組　_38_

ii

第5章　教育委員会との連携の際に NPO が持つべき視点とは ……………… 40

第1節　教育経営における NPO の役割　40
第2節　大槌町における実践　41
第3節　地域教育経営における NPO の役割と当事者としての視点　46

第6章　学校での実践と大学院での研究をつなぐ ……………… 49

第1節　教職大学院では何を学べるのか　49
第2節　当事者1　しっかり立ち止まり、迷うことができるスクールリーダーを目指して　50
第3節　当事者2　高いパフォーマンスを発揮する学校と教員集団　53
第4節　当事者3　学校組織を見つめるまなざしの変化　55

第Ⅱ部
GRP（good report of practice：実践の良い報告）の在り方を考える

第7章　実践事例からもたらされる情報・知見の特徴とその価値 ……… 60

第1節　実践事例からもたらされる情報・知見にはどんな特徴があるか　61
第2節　実践事例からもたらされる情報・知見にはどんな価値があるか　65
第3節　教育経営実践の実践記録の記述に求められることは何か　67
第4節　教育経営実践の記述方法と読み方の開発へ　69

第8章　実践事例と事例研究から教育経営実践の記述を考える ……………… 72

第1節　実践にとって身近な「事例」と「事例研究」　72
第2節　事例研究の方法論からみた実践事例の意味　74
第3節　教育経営の実践事例を記述する　80

第9章　実践を交流する場としての教員研修における実践事例
　　　　──教職員支援機構における「カリキュラム・マネジメント研修」の内容変遷── … 84

第1節　実践を交流する場としての教員研修　84
第2節　「CM 研修」の概要と特徴　85
第3節　「CM 研修」における実践事例の位置　88
第4節　考　察　96

第10章　教師にとっての「実践」と教育経営学の「実践事例」
　　　　──日本教育経営学会紀要での〈実践事例〉の扱いの変遷から── ……………… 99

第1節　教師の孤立化の背景にあるもの　99
第2節　学会における「実践事例」取り扱いの変遷　100
第3節　学会活動の中での「実践事例」に関する議論　104
第4節　学会の実践──研究の関係議論を踏まえて今改めて大切にしたいこと　107

目　次　　iii

第Ⅲ部
実践事例の記述から教育経営研究へと展開する

第11章　実務経験者としての実践の捉え方と記述 ……………………… 114

第1節　時代的な変化　*115*
第2節　学校現場での教育活動を通しての「実践」の捉え方　*117*
第3節　実践の分類とその記述　*121*
第4節　これからの教育経営について考えること　*124*

第12章　学術的貢献と学校現場への貢献の
##　　　　双方を目指す実践事例の論文構成例 ………………………… 126

第1節　学術的貢献と学校現場への貢献の双方を目指す実践事例の課題　*126*
第2節　新たな層の存在と教職大学院における「開発実践報告」　*128*
第3節　開発実践報告の構成例の紹介──実践事例の論文構成の一例として　*130*
第4節　本論文構成例の意義　*135*

第13章　「実践」概念の拡張と実践記述の保障 ……………………… 138

第1節　教育関連学会における実践記述への注目と課題　*138*
第2節　実践概念の矮小化　*139*
第3節　実践とは何か　*142*
第4節　誰が実践主体なのか　*144*
第5節　教育関連学会への課題提起　*145*

補　章　ドイツ研究からの教育経営の「現場」再考
　　　──学術研究でもあり実践研究でもあるということ── …………………… 151

第1節　教育経営の「現場」　*151*
第2節　学校経営へ作用する学校監督　*152*
第3節　学校監督内部の当事者の声　*154*
第4節　教育経営の「現場」としての学校監督を読み解くために　*158*
第5節　おわりに──教育経営の相克　*160*

あとがき　*165*
索　　引　*167*

序　章

実践事例の研究交流を促進する
研究コミュニティの形成へ向けて

第1節　新しい学校を創る
——日本教育経営学会実践推進委員会の課題意識

　2021年6月、新しく発足した日本教育経営学会実践推進委員会（以下、委員会と表記する）は、会長よりミッションとして「実践」に重点を置く学会への転換を積極的に図っていく必要を投げかけられた。具体的には、実践への貢献として、教育経営の GP：good practice 収集について学会ができることを検討せよというものであった。

　学校では、様々な社会環境の変化を反映させながら教育経営課題が多様化・複雑化し、教職員のメンタルヘルスも悪化しつつあるように見える。単位学校が自律的組織として学校経営実践に取り組み、個々の教職員が専門職として裁量を発揮しながら教育に従事し、子どもも教職員も健康な学校の在りようをエンパワメントしていく活動を学会でも構想したい。それは、とりもなおさず教職大学院におけるスクールリーダー養成にも実質的に貢献しうる学会の在り方を探究することになるのではないか。

　学校の立たされている状況に目を向ければ、VUCA、OECD2030 のラーニングコンパス、Society 5.0、ポストコロナ、CSTI など、次々とカタカナ言葉やアルファベットが登場し、その都度言葉の意味を理解し、新しい試みに挑戦しなければ生き残っていけないかのような時代となっている。公立学校でも、いつどこからのクレームで活動が機能不全を起こすか予測できない時代である。そんな中、子どもを置き去りにしない教育者の信念や学校の組織力を核として、力強く実践している多くの事例を収集し、教育経営実践に臨もうとしている人々の間で共有したい。そんな課題意識から、委員会はスタートした。

第2節　GRP（good report of practice：実践の良い報告）の在り方の探求へ

1．学会が GP を収集する？

　しかし、実際にはこれはなかなか困難なミッションであった。まず第一に、GP の収集が、言うほど容易ではなかったのである。GP と言ったときに、何を good とするのか、その判断は誰がするのか。GP というラベルを付した途端にその一実践事例が理想的なモデル（学会が推奨する経営実践例）となってしまうのではないかなど、多くの問題が指摘された。政策意図とセットとなっている GP と、学会のような研究団体が収集する GP とは同じなのか、違うのか。学会が GP を収集することの意味や目的は何か。

　これらの点に関する議論を深めていった先で、始めに委員会が共有したのは、学会がある実践事例を good であると一面的に判断することはできない、すなわち単純に「GP を収集する」とは言えない、ということであった。むしろ、なすべきことは、「良い」実践事例を収集することではなく、「良くない」実践事例（例えば、失敗した事例や今なお葛藤の渦中にある事例、立場によって評価が分かれる事例など）をも含めて収集することであると考えたのである。学会で扱うからには、事例の内容が良いか悪いかではなく、その事例が多くの関心を持つ者に読まれることで、新たな実践や研究へのインスピレーションを触発し、実践者たちの内省を促し、教育経営実践の質を高めていくことに貢献することをもって「良い事例である」と見做すべきであろうということである。では、そのような実践事例はどのように記述され、公表されうるのか。

　実は、教育関連諸学会の動向を眺めてみても、そのような試行錯誤の渦中にある実践事例の記述といったものはほとんど表に出てくることはない。そういう実践事例が複数の実践者の間で共有され、議論されることが実践にとっても研究にとっても重要であることは、おそらく誰も否定しないであろうにもかかわらず。表に出てくる以前の実践事例の記述について、もっとその価値や重要性が共有されなければいけないのではないか。

　そこで、委員会では、3年間の取組課題を「GRP（good report of practice：実践の良い報告）の在り方の探求」という形で設定した。挑戦的な教育経営の実践事例を収集しつつ、同時にそれらの取り上げ方、記述の仕方についての議論

を深めることとしたのである。

2．GRP 探求の必要性──教育経営研究の発展を阻む諸問題

委員会が、「実践事例はどのように記述される必要があるのか」について、ことさらに取り上げてきちんと議論しなければいけないと考えた背景には、教育経営の実践と研究に関連するいくつかの問題状況の認識があった。もちろん、委員会メンバーが全員一致して同じ問題意識を共有していたわけではないと思うが、少なくとも筆者は個人的に 2 つの大きな問題があると考えていた。

その 1 つは、学校における教師の研究の在り方の変容である。そもそも教育実践の場で、対等な実践者間で実践事例が共有され、それが実践をめぐる思索の深まりや挑戦的実践の活性化を促すような状況が生まれにくくなってきている。1970年代以降、行政研修としての職務研修の体系化が進行したことと裏腹に、権利としての自主研修の衰退が進行している。筆者は、ガバナンス改革を背景とする教職の標準化やアカウンタビリティ重視の進展、多忙化などからくる教職の専門性の危機（単純労働者化）について論じてきた（例えば、安藤 2021a、2021b など）が、自主研修の衰退もこの問題の同一線上にあると言える。現在スタートしている「令和の日本型学校を支える教師の新しい学びの姿」も、教師の研究を「敷かれたレールの上で走り続けるもの」に変貌させる危険さえあるのではないかと考えている。

そう考えた時に、例えば、教職大学院のスクールリーダー養成は、これらの危機に対抗しうる実践者／研究者を育てる責務を負っているといえる。これは、学会という場での教育経営研究とは若干位相を異にする研究の問題かもしれないが、学会も当然にこの課題に貢献していく使命があるのではないか。実践の場にいる当事者たちが、自身の実践に関する試行錯誤（＝研究！）を共有し、議論を展開できる場を保障していくことの可能性や必要性を探求しなければならない。

もう 1 つは、学会が扱う学術研究と実践研究、実践事例との線引きの曖昧さや、研究倫理への関心の成熟に伴う事例の記述の難しさの問題である。学術研究を目的とする学会において、実践に貢献しようとしたときに、「実践研究」や「実践事例報告」「実践ノート」などのジャンルを設定し、実践事例を取り上げることが教育学関連諸学会でも多く見られる。しかし、それらのジャンルが実際にどのような記述を期待しているのか、どのような記述であれば掲載に

値するのか、といった掲載基準については、公表されていてもなお曖昧さがつきまとうことが少なくない。日本教育経営学会でも、学会紀要には〈教育経営の実践事例〉という論文ジャンルが設定されているが、これがどのような記述の実践事例であれば掲載されるのかについては、これまでにも様々な疑義が寄せられ、歴代の編集委員会でもその応答に苦労を重ねてきた。実際に、どのような実践事例の記述であれば、学会の機関誌に掲載されるような論文であるとみなされるのかについては、多くの論文執筆者の関心の的であろう。のみならず、教職大学院のような場で論文執筆を指導する側の研究者にとっても重大な関心事であると思われる。

　ただでさえ業務の多忙化が問題視される昨今、実践現場にいる者が事例を論文化するためには、その時間の捻出や論文作法の学習が困難であるなど、実践現場からの研究への参入障壁は年々大きくなっているものと考えられる。この状況で諦めずに実践を論文化しようと試みている実践者の研究にきちんと光をあて、実践－研究コミュニティを構築し、その活性化を支えていくことを学会の使命の一部としなければならないであろう。

第3節　本書の構成および活用方法

　学校現場に目を向けた時、専門職の危機を感じる一面と同時に、他方ではやはり専門職意識に根差した実践研究を深め、多様な実践課題に挑戦し続ける教職員がいることも事実である。本書は、そうした志をもって子どもの育ちの現実を見つめ、実践の質を高めていこうと試みている多くの教育実践者に手に取ってもらうことを意図している。

　そのために、2021～24年までの3年間の委員会活動のなかで、教育経営実践の具体的事例を複数収集し、GRPとして取り上げる実践事例研究会を全6回開催した。本書第Ⅰ部は、実践事例研究会での報告を基調とした論稿を集めている。ICT活用や学校の統廃合、NPOとの連携など、まさに挑戦する教育経営の具体的な取組事例を紹介した。ここでは、教育経営実践の対象や主体をできるだけ幅広く捉えようと考えたことも特徴となっている。

　そして、当事者の言葉で率直に記述してもらうことを心がけた。一実践者が学校や教育の現実を眺め、教育経営に挑戦する過程、実践研究に取り組む過程の描出を手掛かりとして、この後に続く実践者の教育経営を触発する契機とな

ることを意図したためである。類似する課題に取り組もうと考えている読者諸
氏にとって、先行事例の提供となることを期待したい。

　第Ⅱ部、第Ⅲ部は、実践事例を教育経営研究として取り上げようとするなら
ば、どのような記述のされ方が必要なのかについて、委員会内で深めていった
議論の内容を、研究の入口に立つ実践者により手に取ってもらいやすい形にま
とめ直したものを掲載した[1]。どのような切り取り方が必要なのか、その事例の
記述にはどのような内容への言及が必須となるのか、それらの事例はどのよう
に価値を見出されるのか。多くの実践者が事例を切り取り、記述し、研究した
いと思った時に、多々直面する実践研究の壁を取り上げて検討している。

　特に第Ⅱ部では、まず何よりも事例を持ち寄って他者と交流したいと考えて
いる人向けに、実践を切り取り記述するという営みの持つ意味やその特質、記
述の良し悪しを判断する視点等を示すことを試みた。実践事例を読み、そこか
ら何かを得ようとするときにはどのような事例の読み方ができるのか。または、
自身の実践事例を文字にしようと考えるとき、記述された実践事例の「良さ」
や「価値づけの基準」はどのように捉えたら良いのか。一口に実践事例と言っ
てもその記述には多様なタイプがあり、その記述の目的に応じた記述の価値の
在り様があることを整理している。

　第Ⅲ部では、第Ⅱ部の議論を踏まえて、さらに実践の最前線にある者がその
実践を記述し、研究しようとする際に直面しやすい問題や困難を取り上げ、小
手先の方法論としてではなく、それらの困難に向き合うための考え方、論文執
筆として押さえるべき論点を試論の形で提示している。学校にあって教育経営
実践に挑戦し、そこから思索を深めたいと考えている実践者や、教職大学院の
ような場で実践研究に専念することを保障され、研究成果をまとめたいと考え
ている研究者に向けて、事例を記述することに関する有益な情報、模索の手掛
かりを提供したい。これらはもちろん、教育経営初学者にとっても、教育経営
研究を指導する者にとっても重要な議論である。

　なお、最後にもう一点、本書が強調する点について付記しておきたい。本書
では、議論を深めるために「実践者」や「研究者」といった語を便宜的に使用
し、「実践」と「研究」を区別可能なものであるかのように語っている。厳密
には各章ごとに執筆者なりの理解で言葉を使用しているため、「実践事例」や
「実践記録」「実践報告」等々の表記に時に揺らぎがあることも否めない。ただ
し、最終的には、これらの言葉の意味内容の区別はほぼ無効化されるというの

が本書の結論である。小・中・高等学校に籍を置く教師が「実践者」なのではないし、高等教育機関に籍を置く者が「研究者」なのでもない。NPO法人の職員や指導主事のように、これらいずれの教育機関に籍を置かなくても実践者になり得るし、研究者にもなり得る。当然に、小・中・高等学校に籍を置く教師も研究をしようと思っている者は「研究者」であるし、高等教育機関に籍を置く者でも実践している者は「実践者」である。

多くの読者が、本書を通して自らのアイデンティティを実践者であり研究者であるものへと拡張していくこと、それによって教育経営実践と教育経営研究がより自由に、柔軟に議論を展開できるようになることを目指したい。

注
1）日本教育経営学会では、委員会活動を軸として研究大会時に「実践研究フォーラム」を実施している。第Ⅱ部、第Ⅲ部は、実践研究フォーラムで報告された議論の内容をベースとして、発展的に改稿したものを掲載している。

参考文献
安藤知子（2021a）「教員研修の現状と今後の職能開発の在り方」『日本労働研究雑誌』730、50-59。
安藤知子（2021b）「教師教育改革の展開と教員の教職認識」『日本教師教育学会年報』30、52-61。

（安藤知子）

第Ⅰ部

挑戦する学校経営、教育経営

第1章

ポストコロナの学校へ
――姫路市立豊富小中学校の ICT 教育への挑戦――

第1節 新しい学校を創るとは――私たちの挑戦

1．蔭山の地に義務教育学校として開校

兵庫県姫路市豊富町は姫路市の北東部に位置する里山と里川に囲まれた自然の豊かな地域である。2020年4月、隣接する豊富小学校と豊富中学校が1つになり、9年間をつなぐ施設一体型の義務教育学校「～蔭山の里学院～姫路市立豊富小中学校」が開校した。通称名を「蔭山の里学院」としたのは、古来より豊富校区を含む地域が蔭山の里と呼ばれていたこと、我が国においては、人々が集い学ぶ場を「院」と呼んでいたこと等に由来する。

さて、筆者2名が豊富中学校と豊富小学校にそれぞれ校長・教頭として着任したのは2018年の春である。2年後の開校に向けて心を砕いたのはこれまで小中学校として培ってきた歴史と伝統に敬意を払いつつ、単に2つの学校が1つになるのではなく地域コミュニティの中心となる新しい学校としての価値を創出することであった。

新しい学校を創るとは『夢』を形にすることである。

本章では、日本教育経営学会実践推進委員会・第1回実践事例研究会（2021年12月19日オンライン開催）での報告内容をベースに、管理職としていかに新しい学校づくりに向け夢を語り挑戦を重ねてきたのか、ICT の日常的な活用への歩みを軸として述べていきたい。

2．夢を形に――学校グランドデザインの作成

本校の前身である姫路市立豊富小学校・豊富中学校では、2016年から2018年の3年間は文部科学省の指定を受け、隣接する豊富幼稚園とともに「自立した消費者の育成」をテーマに消費者教育研究を行った。また2018年度からは学校図書館を学びの中心に据えるとともに「新聞をつくるとつかう」をコンセプト

に NIE（教育に新聞を）を推進し、情報を活用し他者と関わりながら疑問や課題を解決する「調べる力」の育成に取り組んできた。

これらの取組を踏まえ、はじめに着手したのが「学校グランドデザイン」と「豊富小中学校ブランドカリキュラム」の作成である。ここでは学校教育目標として「変動する社会の中で自己を実現できる人材の育成」、育みたい資質・能力として「課題対応能力」を明示した。これは、開校にあたりビジョンを共有することで組織力の向上・強化・深化を図るとともに、これからの時代に求められる新し

図1-1　学校グランドデザイン

い学びの形を組み込み、じっくりと学校文化を再構築することをねらいとしている。

この課題対応能力については「様々な課題を発見・分析し、適切な計画を立ててその課題を処理し、解決することができる力」と定義した。具体的な要素としては、情報の理解・選択・処理等、本質の理解・原因の追究、課題発見、計画立案、実行力、評価・改善などが挙げられる（「今後の学校におけるキャリア教育・職業教育のあり方について（第2次審議経過報告）」）。

また、課題対応能力をイメージしやすい言葉で整理したキーワードが「た・

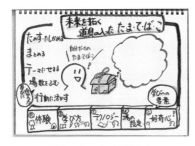

図1-2　たまてばこ

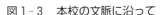

図1-3　本校の文脈に沿って

ま・て・ば・こ」である。この「た・ま・て・ば・こ」には2つの意味がある。1つは学びに向かう姿。自分なりのテーマを持ち、試行錯誤しながら調べ、課題解決へ向けて前へ歩んでいく。失敗したと思ってもあきらめない。自己調整しながら、粘り強く学び続ける姿への願いを5つのフレーズに込めた。もう1つは、学びへの支援。新しい時代の学びに大切にしたい5つの要素「体験・学び方・テクノロジー・場の設定・好奇心」を明示したものである。

> 校長として夢を語ることで用意したのは大きな『器』。魅力的な中身は教職員や地域の皆さまの知恵と工夫で形づくれるよう委ねることで、創るプロセスを共有できるよう企図しました。

山下校長

第2節　日常の学び・くらしの中にICT

1．導入7か月後の風景から——まずはやってみよう

ここで、ICTの活用について紹介したい。図1-4はまだマスクをしていても遠慮がちに会話をしなければならなかった2021年4月上旬までのICT活用の様子をまとめたものである。

GIGAスクール構想による整備を契機に、児童生徒がアクセスできる情報量が飛躍的に増え、資料共有や同時編集・遠隔交流など創造的にICTを活用できる環境が整った。

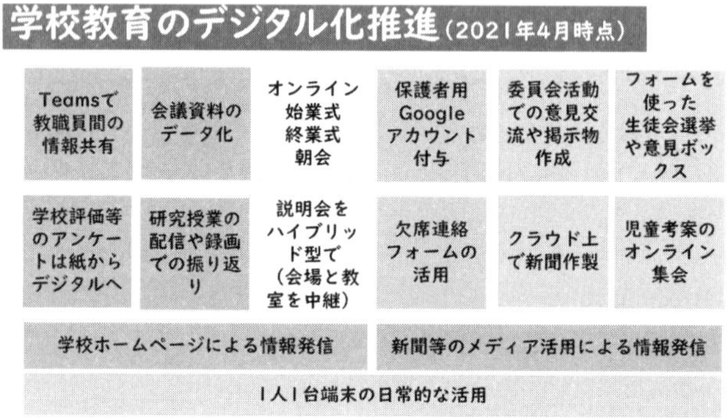

図1-4　ICT活用の推進

導入当初から「まずはやってみる」ことを前提に活用をスタートした。教職員がクラウド上で情報共有することはもちろんのこと、これまで紙で行っていたアンケートや会議資料もデジタル化した。コロナ渦によるいわゆる3密回避も追い風にして校務での活用を変革していった。最も大切にしたのが、教師が提示したり配布したりするだけでなく児童生徒がいかに創造的に活用できるかということであった。スプレッドシートでの振り返りやスライドでのプレゼンテーション、新聞づくりや動画づくりなど、あらゆる場面でアイデアを出し合い試行錯誤しながら実践を積み重ねていった。ちなみに、本校では教職員を対象にしたICTの活用研修（操作・理論・実践紹介）もほとんど行っていない。研修では一時的に操作スキルが向上するだけで現実的な課題を解決する実践力には繋がらないと確信したからである。

図1-5
カルタで語る（あ）

本校の1人1台端末導入は2020年9月14日。約7か月後には教科等での学習時間はもちろんのこと、係活動や委員会活動・生徒会活動など、休み時間や家庭での活用も含めてICTはなくてはならない道具として学び・くらしの中になじんでいた。

2．学び合う教職員集団——自由な発想で試行錯誤

では、わずか半年足らずでどうしてそこまで活用が進んだのだろうか。ここで大切なのは、これまでの学習デザインにとらわれず自由な発想でアイデアを出し合える集団づくりだと考える。職員室でよく聞こえてきたのが「試してみよう」「子どもたち、こんな方法をやっているよ」「それどうやるん？」などの会話であった。

教職員は、雑談やつぶやきから互いに知恵を出し合い、試行錯誤して実践的な情報共有を進めていった。その際に活用したのが教職員間のコミュニケーションツールとしてのMicrosoft teamsである。そこには毎日の連絡事項や会議資料が配布されるのはもちろんのこと、ICTの活用事例も数多く投稿されていった。そして互いの模倣から実践が広がり、定着し、効果的な利活用が目指されるようになった。その実践過程で教職員の相互理解が促進され、豊

図1-6
カルタで語る（い）

かな同僚性が育まれた。このことが、ICT の利活用の促進だけでなく新しい学校づくりにつながったと思っている。つまり新しい学校づくりそのものが生きたチームビルディングとなり、1人1台端末やクラウド活用に限らず、互いのアイデアを出し合いながら教育活動を創り出す土壌となっていった。

1人1台になるって聞いた時は、「私にもできるかな？」とちょっと不安だったけど、1年生の子どもたちもすぐに慣れて自由に使っています。研修担当としても特別なことはしていませんが、どの学年・どの学級も活用しているのでお互いに情報を交換しながらみんなで一歩ずつ歩んでいるイメージです。
これから始める先生も、きっと大丈夫ですよ！

研修担当
前期課程
Y 主幹教諭

8年生も、自分たちでどんどん使い方を見つけながら活用しているので、学年の先生たちと「子どもたちってすごいなあ！」と話をしています。
6年生と一緒に英語の学習をしている中で、前期課程の子どもたちがスライドの同時編集など、自由に使いこなしているのを見て大きな刺激を受けています。
ICT が得意じゃなくても、ゆっくり・じっくりと子どもたちと一緒に成長していけばいいと思いますよ。

研修担当
後期課程
T 教諭

3．自転車に乗るように──児童生徒も教職員も

　ICT 活用の日常化に向けて、教員が ICT の機能を体感しながら、学習や生活の中で児童生徒の活用場面を広げていく段階を踏むことが大切と感じていた。このことが、係活動やクラブ・委員会・生徒会活動などの特別活動や休み時間など、いわゆる授業時間以外での児童生徒の ICT 活用へとつながっていった。よく聞くフレーズに「ICT の活用を目的化しない」があるが、最初はログインすることだけが目的でもいいと思っている。道具として、手になじむようになるまでは効果的な活用場面ばかりを意識しすぎず、テクノロジーの機能を体感しながら体験することが大切である。後ろから押していた自転車の手を自然と離していくように。教職員も児童生徒と一緒に試行錯誤しながら、徐々に委ねていくことが大切である。

図1−7
カルタで語る（う）

4．つながるエピソード──壁や葛藤を超えて

　ここまで本校の概要を述べてきたが、すべてが順調に進

第1章　ポストコロナの学校へ　　13

図1-8　自転車モデル

んでいた訳ではない。むしろ壁や葛藤の連続であったが、この壁や葛藤こそが課題解決の宝庫であると捉え、管理職として教職員の悩みや相談には時間をかけて耳を傾けるように心がけた。幸い本校には副校長や2名の教頭も含め4名の管理職が在籍している。校長・副校長・教頭それぞれが異なる経験や得意分野を持っているため、学校運営において多様な視点を取り入れることができ、よりバランスの取れた意志決定が可能となった。また、役割分担が明確になり、例えば校長が示したビジョンをもとに副校長や教頭が具体的な実行計画を立てたり問題が発生した際に組織的かつ迅速に対応できたりするなど、業務の効率化や支援体制の強化を図ることができた。さらに管理職が複数いることで教職員とのコミュニケーションがより円滑になり、意見交換やフィードバックがしやすく教職員が自由にアイデアを出しやすい環境が整った。副校長や教頭が校長のサポートを受けながら、逆に校長が副校長や教頭のサポートを受けながらリーダーシップを発揮することで、ミドルリーダーを育成する機会が増えたことも義務教育学校としての利点だと感じている。

　これらの利点を生かしながら、壁や葛藤と感じているのは思い込みなのか抱え込みなのか・解決すべき課題は何なのか・本人の願いは何かなどを教職員と一緒に考えることができたと感じている。また、前例踏襲をよしとせず、失

図1-9
カルタで語る(え)

図1-10
書籍ICT活用

敗してもいいこと、試行錯誤することを常に推奨した。これにより、価値観や行動が固定化しない柔軟な組織づくりを進めるとともに、場面に応じた小さなゴールを設定し、それを一つ一つ乗り越えていくことで、安心して新しい取組に挑戦できる風土の醸成に取り組んだ。さらに、教職員の工夫や実践をエピソードとして積極的に発信、新聞などのメディアに取り上げられることで手応えや自信につながり、さらに次へのチャレンジにつながったと感じている。

これらの成果として開校から3年間の実践を一冊の書籍にまとめた。そこでは、ICTは多様な子どもをつなぐツールであるとの認識のもと、子どもが多様な他者とかかわりながら学びを深める様子を教職員47名が記した（柏木智子・姫路市立豊富小中学校編著『子どもの思考を深めるICT活用』晃洋書房、2023年）。

第3節　最も大切なこと──私たち一人一人が人生の主役

図1-11
カルタで語る（お）

図1-12
カルタで語る未来（と）

今回の挑戦を通じて、認識を新たにしたことがある。それは、教職員の協働による組織づくりこそが学校経営の要であるということである。失敗や挑戦に寛容な教職員の学び合いがあったからこそ、新しい学校・新しい生活様式・新しい学びへの創造に取り組むことができた。例えば、ICT活用に最初に取り組んだ教職員たちは決してICTの活用が得意なわけではなく、どちらかといえば苦手なタイプであった。しかしながら、「まずはやってみよう」というチャレンジ精神で学校全体を牽引し、道を切り拓いていった。

誰しも1人ではできることは限られている。ましてや管理職だけで学校を創ることはできない。お互いの強みと弱みを共有し、できることを補完し合いながら全体で歩んでいくことができる温かな空間となるよう、「私」が当事者となりつつ、チームとして「私たち」が主役となる学校経営を今後も目指していきたい。

（山下雅道・井上幸史）

第 **2** 章

学校再編をきっかけとする地域おこし
――「未来の下田創造プロジェクト」のこれまでとこれから――

第1節　未来の下田創造プロジェクト

1．下田市の学校再編に至る経緯

　2009年6月、筆者は所属校の稲生沢中学校と隣接する稲梓中学校との統合が白紙になったことを新聞報道で知る。記事には、「保護者や地域住民の十分な同意を得ることができなかった」と記されていた。その当時、新たな学校づくりを検討する場には、学校の当事者である生徒や教職員が含まれておらず、筆者は少なからず「置き去り感」を感じていた。

　下田市の人口は、1975年の3万1700人をピークに、40年以上転出超過が続いている。2024年8月時点では1万9442人で、今後10年で半数以下になることが試算されており、児童生徒数減少にも歯止めがかからない状況だ。

　こうした状況下で学校再編は避けられない。しかし、単に統合すればよいわけではない。再編をきっかけとして、新しい教育や魅力ある教育活動をどう創造的に生み出していくかが重要な課題である。

　学校再編は、地域住民に対する教育サービスの在り方を大きく左右する。それゆえ、学校の再配置という課題を乗り越えて新たな教育のカタチを実現するためには、学校教育に関する専門性を有する教職員の参画と、その経験・知見の創造的な活用が不可欠であるはずだ。

　ところが、実際にはこの課題を解決することは容易ではない。というのも、教職員は職務上、学校内部の授業や分掌には関心を持ちえても、置かれた地域条件や制度環境については意識する機会が少なく、教職員自身が学校再編という課題に向き合う機会がほとんど存在していなかったからである。そこで、統合準備の組織編制において、当事者である教職員が新中学校づくりを検討するプロセスに、専門性を生かして最大限に力を発揮できる仕組みが必要であると考え、組織づくり及び運営に取り組むこととした。

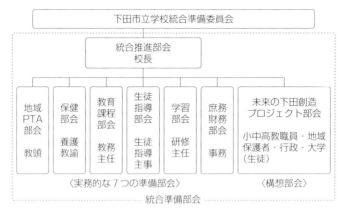

図2-1　統合準備に関する組織図

2．PJT部会とは

　統合準備委員会には、教職員で組織する実務的な7つの準備部会（図2-1左下）が設置された。これらの部会の構成は、他地域の学校再編の推進体制と大きく異なるものではないが、下田市においてはこれらに加えて、8つ目の新たな部会として「未来の下田創造プロジェクト部会（以下、PJT部会）」（図2-1右下）を設置することとした。

　PJT部会の設置は、筆者が教職大学院派遣中の研究として教育委員会に提案し実現されたものである。それは、教職員の参画の機会を得ながら、新学校の構想づくりを中核として魅力ある教育活動を創造的に生み出すための仕組みづくりを目的としたものである。

　PJT部会では、教職員以外に、保護者や生徒、地域や行政、有識者などの参画を求め、学校の通常の運営業務や学校再編の実務的な準備組織からもあえて切り離している。既存の思考にとらわれない自由で創造的な議論を促す構想部会であり、全国でもおそらく初の試みであろう。ここでは新たな学校の教育の中身とともに、学校や地域の在り方などの視点も含めて、新しい発想を生み出しそれを実現させるための議論をしている。

　学校再編は経験に乏しい課題への挑戦であるため、既存の方策をベースとした擦り合わせになりがちで発展的内容を含む案は出にくい。一方で自由な発想が必要とはいっても、突飛なアイデアや単なる思いつきが強調されて学校教育の混乱を招くような事態は避ける必要がある。

そこで、実務的に計画を策定する作業部会と、より発展的な内容も含んで構想する部会とを別個に組織化した。そして、両者のやりとりを通して計画を練り上げて実現していく組織デザインについて、筆者が大学や教育委員会との仲立ちをしながら検討を行ってきた。

PJT 部会の構成・活動の骨子は次の4点にまとめられる。

第一に、柔軟な発想が期待される20代から40代の若手教職員を4中学校から集め、新たな学校づくりに関心を持つ地域や保護者、行政の代表者を加えて核をつくることである。第二に、研究者から新たな視点や知見といった外部性を取り入れながら、既存にとらわれない自由な発想で案を構想することである。第三に、「こうなってほしい」理想の未来から今を考えるバックキャスティングの思考をベースに、「子どもも大人もワクワク」という合言葉を掲げ、下田の新たな魅力や新中学校の取組を考えることである。第四に、構想部会で練られたアイデアを実務的な部会で検討する仕組みを作り、メンバーを兼任させることで双方に緩やかな接続を生み出すことである。

3．PJT 部会の活動とこれまでの成果

PJT 部会は現時点（2024年8月）までに22回（表2‐1）の協議を行ってきた。主な成果は以下の通りである。

a）デザイン思考の導入（表2‐1―④）

社会の在り方が大きく変化する予測困難な時代においては、従来型の思考では前例のない課題への対応は困難である。こうした状況下において期待されているのが「デザイン思考」の活用であり、そのメリットとしてイノベーションの創出やチーム力の強化が挙げられている。デザインプロセスの中の「共感」は、未来に求められるものまで含んだ共感が必要であるとされ、とりわけ、PJT 部会においては、その活用が有効であると考えた。そこで、参加者の過去の経験やエピソードの中から、承認を受けた思い出や人生の転機となったきっかけにヒントを探り、それらを活用したアイデア創出によって誰からも共感を得られるアイデアづくりを目指した。第4回以降は、人々の動きをつくり出す出来事のデザインの視点から、新中学校のコアアイデアや、マンダラチャートづくりなど数々の協議を行っている。

18　第Ⅰ部　挑戦する学校経営、教育経営

表2-1　PJT部会と関連活動の内容（2024年8月現在）

実施時期	テーマ（概要）
① 2018.7	「過去に承認を受けた思い出は？　地元自慢からヒントを探る」
② 2018.10	「私の逆向き設計図」今の私は、「誰かによってデザインされていたのではないか」という視点で、人生の選択に影響を与えたものは「何か」を探る
③ 2018.11	「未来の下田を担う35歳の地元住民を育てる「何か」とは何か？」
＊2018.11	KOKUYOライブオフィス視察「子どもの学習環境と教職員の働き方のデザイン」
④ 2019.1	大学教員講義「デザインプロセスとデザイン思考」 協議「35歳の地元住民を育てるデザインとは？」
⑤ 2019.2	故郷が自分の居場所になるために、「強い思い出」「つながり」「誇り」を創出する、総合と教科を組み合わせた新中学校の「コアアイデア（教科）」を考える
⑥ 2019.5	マンダラチャートを活用した「未来の下田を担う人材に必要なアイデアの整理」
⑦ 2019.8	「次期下田市教育大綱PJT部会バージョンづくり　マンダラチャートを活用して」35歳の地元住民を育てるための学校教育の在り方とは
⑧ 2019.11	「未来の地元住民を育てる学校のアイデアづくりⅠ」大学教員、教職大学院生参加
⑨ 2020.1	「未来の地元住民を育てる地域のアイデアづくりⅡ」
⑩ 中止 ⑪ 2020.5	「未来の下田を担う人材育成に必要な12のキーワード発表と、それを活用した新中学校の取組の企画書づくり」
⑫ 2020.7 ⑬ 中止	「下田市教育大綱PJT部会バージョンの発表。総合の学年テーマとアイデアを考えよう」
⑭ 2020.8	「下田市教育大綱PJT部会バージョンの提言〜市役所統合政策課を招いて〜」
⑮ 2020.10	「35歳になっても、ずーっと下田とつながりを感じていられるような…ワクワクするしくみを考えよう」講師：大学教員、院生、参加者：下田東中2年A組33名
⑯ 2021.2	「誰もがやりがいを感じ、ワクワクする職員室の雰囲気とは？」
⑰ 2021.11	「○○×○○＝下田が好きになる　新商品・サービスの提案」 ※17回より高校教員も参加
⑱ 2021.12	「未来の下田を担う35歳の地元住民を育てる、マンダラチャートと企画書づくり」
⑲ 2022.10	「○○×○○＝児童・生徒がワクワクするアイデアの提案〜35歳の地元住民を育てる〜」
⑳ 2022.11	「未来の地元住民に必要な資質・能力とビジョンシートPJT会議バージョンづくり」
㉑ 2024.1	大学教員講義「地域社会の変容とこれからの学校」 協議「誰もがワクワクする新しい小学校のアイデアづくり」
㉒ 2024.8	大学教員による講義「下田にイノベーションを起こそう〜ワクワク・ドキドキのヒント〜」 協議「誰もがワクワクする夢の小学校を創ってみた！」 ※22回よりこども園元園長も参加

b）イノベーションの起こし方

　イノベーションとは、新しいアイデアや手法・技術によって世界に大きな変革を起こすことを意味し、デザイン思考を活用した場合、共感力や発想力、それらの橋渡しとなるリテラシーの３つの要素が必須アイテムとなる（表2-1―④）。また、「イノベーションとは新結合であり、新結合は身近なところにある。ワクワク感を持って地域を見れば新たな発見があり、それがイノベーションにつながる」（表2-1―㉒）。これら大学教授からの示唆をもとに、身近にあるもの同士の意外な組み合わせによって新たな価値を創造する手法として、「○○×○○＝下田が好きになる新商品・サービスの提案」（表2-1―⑰）「○○×○○＝児童・生徒がワクワクするアイデア」（表2-1―⑲）をテーマとする協議を行ってきた。

c）35歳の地元住民を育てる12のキーワード（表2-1―⑪）

　部会では、未来の下田を担う人材の姿を35歳と想定し、㋐下田に居て・戻ってきて下田を担う人、㋑下田を離れても下田にアクションを起こせる人、㋒新たに下田に来て下田を担う人の三者と仮定した。中でも、㋐、㋑の育成に当たっては、参加者の過去の経験をヒントに、小中高校段階で経験させたい機会は何かを探ってきた。その機会を、人材育成に必要な12の要素として整理したものが表2-2である。協議においては、12のキーワードとの関連が人材育成に向けたアイデアの鍵となった。また、これら12のキーワードを活用して整理した「下田市教育大綱 PJT 部会バージョン」を、市役所統合政策課に対して提言（表2-1―⑭）し、市長部局での協議の末、「下田市教育大綱（2021年4月～2026年3月）」の骨子として採用されることとなった。

d）つながる仕組みづくり

　新たな「郷土愛」のカタチとして、「帰ってきてほしい」でもなく、「忘れないで」でもなく、「どこにいてもいいから故郷の様子を知っていてほしい」という、故郷をいつまでも大事に思う気持ちを「郷土愛」とする事例が大学教授から示された（表2-1―⑮）。PJT 部会においては、㋑下田を離れても下田にアクションを起こせる人として、35歳の時点でも下田とつながっていられる新しい仕組みやイベントのデザインについて、中学生と共に企画を考えた。参加した生徒からは、「将来下田に住むつもりはなかったが……やっぱり下田に住

20 第Ⅰ部 挑戦する学校経営、教育経営

表2-2 PJT部会で作成した人材育成に必要な12のキーワード

	未来の下田を担う人材を育成するために必要な12のキーワード
1	ワクワクする機会
2	未来の自分についてじっくり考える機会
3	下田にいる身近な大人にあこがれを抱く機会
4	社会の仕組について知る機会
5	失敗してもコミュニティから受け入れてもらえるという安心感を得る機会
6	ここには私の居場所があるというつながりや安心感を得る機会
7	他者から共感や承認を得られる機会
8	外界を知ることで下田のよさに気づく機会
9	自分の選択や頑張りによって新しく楽しい世界が開けた感覚を得る機会
10	人からあなたが必要とされているという声や思いを得る機会
11	自己存在感を大いに感じられるポジティブな体験を仲間と共に得る機会
12	下田のよさを体験を通して感じる機会

んでみてもいいと思った」「下田じゃない下田が創れたらいいなと思った」との感想発表があり、大人とアイデア創出する機会が社会へのつながりを意識する機会にもなった。

4.「PJT部会」から「PJT会議」へ

こうしたPJT部会の様子は、新聞やテレビ等でも取り上げられ、「学校や地域に誇りを持ち、『35才になっても故郷はいつまでも自分の居場所である』と感じてもらえることを大きなテーマとしている。」（2019年6月1日『伊豆新聞』）「魅力的な教育内容、地域づくりを自由な発想で語り合う場として再スタートした。」（2021年11月12日『伊豆新聞』）等の評価がなされた。2022年4月には新中学校開校をもってPJT部会の役目は一旦終了したものの、開校後からは教育委員会が主催する会議として継続されることとなった。このように、市の動向に合わせその都度在り方を見直したり、有識者から示唆を得たりするなど、運営方法の改善を図りながら進化発展を考慮して可変性を担保してきた。

（佐々木浩彦）

第2節　新たな挑戦

1．新たな広がり

　2022年4月、「未来を創る」を校訓とする下田中学校が開校した。総合的な学習の時間ワーキンググループによって整理された計画案は、新中学校に提案がなされ、現在の教育活動の根幹を成している。2023年4月、新たに設置された下田中学校学校運営協議会（以下、CS）は、伊豆下田法人会や社会福祉協議会、産業振興課やマリンネット下田等の代表をメンバーとし、中学校の魅力化に力点を置いている。「海の体験プログラム」「職人さんから学ぶものづくり」「職業体験」「キャリア座談会」といった体験活動はその代表的な取組だ。

　2023年度末には、次年度の年間及び実施計画をCSが主体となって作成するなど、地域協働による教育活動が展開されている。2024年度は、登下校時の生徒見守り隊として地元企業に協力を募り、エンブレムをデザインしたCSステッカーを企業の車両に貼ることで、「地域ぐるみで安心・安全をつくる機運を醸成する」（2024年8月13日『伊豆新聞』）取組がスタートした。

2．今後の課題と展望

　現在、市内小学校では、複式学級が複数校生じ、教育活動における多様性の担保が課題となっている。そうした背景を受け、教育委員会は小学校在り方検討会議を設置し、PJT会議ではこれからの小学校教育をどのように魅力的なものにしていくのかについて協議していくこととなった。

　人口が減少し、減りつつある資源を活用しながら現在の学校のカタチを存続することは困難である。人やもの、サービスが縮小していく中では、理想の未来は思い描きにくくなるため、その方策として、エリアを賀茂地域に拡大し、参画する人や資源を増やすことで新たに風穴を開けようと考えた。

　2023年度から賀茂地域の指導主事、2024年度からこども園の元園長等にも参画を依頼し、2024年8月時点では、39名にまで部員を拡大（図2-2）して地域全体の課題として取り組むこととなった。

　こうした会議を推進するためには、中心となる人材の確保や育成が重要となる。例えば筆者の場合、大学院派遣修了から開校までの3年間は、所属校の分掌業務が軽減されたうえで「統合企画主任」という係名が付与され、教育委員

図2-2　PJTメンバー構成

会に出張する形で会議の企画・運営を担ってきた。2022年の開校後からは、所属校での分掌は増え出張回数は減ったものの、「企画主任」として参画の機会を得ている。一方、PJT部会内では、2024年から小学校教諭2名をファシリテーターに加え（図2-2）、教育長を含めた7名で企画会議を開催し、持続可能な仕組みづくりについて模索している。

　こうした市町の抱える課題解決に向けては、開発的な取組を推進するための人材確保や育成が今後の大きな課題となる。学校を核とする地域づくりにおいて理想の未来のカタチを思い描き、その実現に向けバックキャスティングの思考によって、どこにエネルギーを集中させるべきかという視点から、開発的な人員配置や育成がこれからの組織づくりには必要だ。

（佐々木浩彦）

第3節　未来の下田創造プロジェクトの示唆するもの

　全国の学校で学校の再編が進んでおり、学校規模の適正化と地域社会維持発展の両立に課題を抱えている地域が増えている。本章で紹介した下田のPJT部会の事例は、他の全国事例と比したとき、以下の2点において特徴的であり、示唆を与え得る実践であると捉えられる。

　第一に地域住民や学校教職員など、学校関係者の参画の在り方の工夫である。学校の再編にあたり「統合準備委員会」等の形式で、行政と学校関係者とが協議する場が組織されることはよくあることだ。学校再編に伴う地域社会の変化に対応するためにも、また新学校の運営に当事者意識をもってもらうためにも、再編プロセスの中に学校関係者の参画は積極的に取り入れていく必要があるからである。一方で校舎の配置・設計、避難施設の確保、通学補助の在り方、それらに関わる予算事項など、地域社会や児童生徒の生活と密接にかかわっては

いても、一定の専門知識なしに議論に参画することが難しい課題も少なくない。

　その結果、参画がかたちだけのものとなってしまうケースが、筆者の経験によれば少なくない。この点、PJT 部会は特別の専門性を持たない学校関係者が等身大の議論を展開することができる場として設定されており、統合準備委員会を介して間接的に施策に影響を与える重層的な意思決定構造となっていることが特徴的である。

　第二に自治体レベルにおいて常態的に創意機能を発揮する仕組みの整備である。通常の場合、教育委員会における施策の方向性の検討は、学校再編の際や、大綱・教育振興基本計画等の策定時など、時限的に設置されることが多い。PJT 部会（会議）は2018年度から現在（2024年）まで継続的に開催されており、形式は若干変更しながらも中学校開校後も続けられている。

　施策課題に応じ時限的に設置した場合、目的の明確化や審議計画の策定、会の構成員の募集方法を確定などのメリットがある一方で、この仕組みには短所もある。それは施策課題の連続性や施策間の横のつながりを担保することが難しくなるということである。

　時限設置の会議体の場合、目的がはっきりとしているため議論はしやすいが、会議に応じて委員も入れ替わるため、その都度課題を理解するところから始めなければならず、それでも議論は断片的になりやすい。一方で学校再編のように学校に在り方を根本から変化させる事象においてはその影響は多岐にわたる。この点、PJT 部会（会議）においては緩やかに参加者を変化させながらも、中核的なメンバーは継続的に議論に参加することができるため、議論の継続性・包括性を担保しやすく、また長期的な視野で議論を深めていくことが容易になる。

　今日のように学校を取り巻く環境が絶えず変化しており、また部局横断的な課題が増えている状況ではそのメリットがより大きくなるはずである。

　これら 2 点は下田と同じかたちではないにせよ、今後学校再編への対応が迫られる自治体においては、そのおかれた状況により工夫をして援用することができる視点であろう。本事例がその一助となれば幸いである。

（武井敦史）

第 **3** 章

平凡なオンリーワンの学校を創る

第1節　誰のための「教育」なのか？

1．学校から消えていく「しなやかさ」

　私が小学校校長最後の年に、大阪市長と教育長に送った『提言書』が、メディア等で大きく報じられ話題となった。目立ちたかったからではない。37年間、大阪の教員として子どもと共に歩んできたことを無にしたくなかったからだ。『提言書』を出すに至った経緯等は、章末に挙げた自著にまとめている。読んでもらえれば、この章題に込めた想いをわかってもらえるものと思う。

　さて、1961（昭和36）年生まれの私は、日本が貧しさから抜け出し物質的にどんどん豊かになる経済成長著しい時代を子どもとして過ごした。その頃は、「ギャングエイジ」などと言われたように、子どもは、子どもの世界でのびのびと生きていたように思う。学校は、勉強のために行かなければならない場所であったが、友だちと過ごす楽しい場所でもあった。

　私が大阪市立小学校教員に採用された1985年の学校も、まだその時代と地続きだったように思う。しかし、同時に、私が高校受験、大学受験を迎えた頃は「受験戦争」などと言われ、〈よい学校〉に入って〈よい会社〉に就職することが何より大事とされた時代でもあった。

　最後に担任をしたのは2005年度。久しぶりに6年生を担任したが、勉強嫌いでヤンチャな一人の男子がいた。習い事もせず、放課後は元気に遊び回っていた。ある日、塾について相談に来た。予想外のことに驚き、理由を聞くと「公園に行ってもどこに行っても、遊ぶのは年下の子ばっかり。みんな塾に行ってるから、友だちに会うには塾に行くしかない」と真顔で言う。それを聞いて、反射的に（この時代に子どもに生まれなくてよかった……）と思ってしまったことに、罪悪感を覚えたのを思い出す。

　完全週5日制になって担任をするのは初めてだったが、「ゆとり教育」とは

裏腹に、時間に追われ、毎日が慌ただしく過ぎていくのを感じた。学習指導要領に定められた学習内容は減ったが、5日間に詰め込まれたため、一日の授業のコマ数は増えた。経済的にしんどい家庭の子どもたちは、ゲーム三昧で土日を過ごし、裕福な家庭の子どもたちは、習い事や塾で忙しくなった。土日休みになったのに、月曜日、表情のさえない子どもが増えた。教師も同様だった。

その頃から、放課後に子どもと遊んだり、ゆっくり話をしたり、補充の学習をしたりできなくなってきた。教職員の会議や研修が増え、隙間の時間が無くなってきたこともあるが、それぞれの担任の裁量に任せず、そろえるという空気感が大きく作用したように思う。学校から「しなやかさ」が失われ、画一化していくのを感じていた。

2．学校は教育行政の末端機関ではない

総合教育会議で策定され、市議会で承認された「大阪市教育振興基本計画」に基づき、各学校は、「運営に関する計画」をつくる。その基本計画に掲げられた数値目標の中から自校の課題にマッチしたものを取り出し、各学校の目標を立てることになる。しかし、学校目標の最上位には、「小学校学力経年調査における標準化得点を、同一母集団で比較し、いずれの学年も前年度より向上させる」といった「全市共通目標」が位置付けられている。

3年生から6年生までの4学年が、毎年、国・算・理・社の4教科の全市共通テストを受けるのだが、常に前年度より高い標準化得点をとらなければならないプレッシャーをかけられる。また、それ以外の目標についても、数値で効果検証できる目標を立てなければならない。

今、目の前の子どもたち一人一人の成長をどのように支援していくかということよりも、教育振興基本計画に掲げられた目標を達成することが、学校の目的にすり替わり、教育の本質を見失いかけている。上意下達に慣れ、何も疑うことなく言われるままに業務を遂行していくことは恐ろしいことだ。学校は教育行政の末端機関ではない。自ら考えることを手放してはならない。

3．「学校」とは何か？　根本を問い直す

学校とは、何よりも「行きたい」と思える楽しい場所でなくてはならない。そのためには、失敗したり、傷ついたりしながらも、人に対する信頼を獲得し、自らを成長させていくことができる安心・安全な場所である必要がある。

安心・安全は、傷ついたり、失敗したりしないように「リスク」を取り除いてしまうことで得られるものではなく、仲間との信頼によって築かれるものである。様々な課題に対して、子どもたちが自らの頭で考え、自ら行動することによって、人間関係を深めていくことが重要である。

　管理職になって思ったことは、対象が教職員に置き換わっただけで、基本的には担任時代に子どもたちに向き合ってきたのと同じようにすればよいということだった。まずは、自分の失敗やまちがいを隠さないこと。つまり自己開示することだ。良いも悪いも自分という人間を知ってもらうことから「対話」が生まれると考える。そして「対話」によってお互いを理解し合い、信頼し合えてはじめて、柔らかい人間関係が生まれ、本当の笑顔が出てくる。教職員が仲よく、楽しそうに仕事をしている学校ならば、きっと子どもたちも楽しいはずである。今、学校は楽しい場所になっているのか、楽しくないとしたら、それはなぜなのか、改めて、根本的なことをきちんと問い直さなければならない。

第2節　教職員の「もち味」を活かし同僚性を育む

1．子ども一人一人の「現実」から考える

　「子どもが主体」と言うとき、まずは、教職員からの子どもへの働きかけについて、何を意識するのかが重要になってくる。子どもの行動には必ず理由がある。子どもの生活背景を知り、子どもの側に立って、どのような思いでそのような行動をするのか、常に考えることが必要だ。また、○年生ならこれができて当然、○○ができるように指導しなければならないといった教職員の思い込みや決めつけは避けなければならない。

　子ども一人一人の現実をしっかりと見て、そこから考える姿勢が大切だ。子どもに「寄り添う」とは、そういうことではないだろうか。

　絵本『おかあさんがおかあさんになった日』（長野ヒデ子作、童心社、1993年）のタイトルには、初めからお母さんがいるわけではなく、赤ちゃんが生まれてはじめてお母さんも誕生するという意味が込められている。教師も同じだ。子どもによって「先生」と呼ばれる存在になり、子どもと共に成長していく「学習者」であり、「伴走者」なのだと思う。「指導者」という言葉が、時に子どもへの対応を誤らせてしまう。

　奈良女子大学名誉教授の浜田寿美男先生は次のように言われる。

（前略）保育とは保育者にとって、子どもの自然に出会い、それを一緒に楽しむ仕事であるはずです。繰り返しますが、発達は「結果」であって「目的」ではありません。発達理論から学べることは、せいぜい子どもが育つ自然な姿を確認するための「目安」にすぎません。その「目安」を「目的」と取り違えるとき、私たちのその「人為」が、時として子どもの育ちの「自然」を損なってしまう。そのことを知っておかねばなりません。

（「はらっぱ」389号　子ども情報研究センター刊　2018年6月）

　子ども主体の学校づくりの一歩は、このような「子ども観」「教育観」を学校、保護者、地域が共有することである。

2．学校の教育方針はシンプルに

　先に述べた「運営に関する計画」では、本当に大切にしたい教育が見えてこないので、「グランドデザイン」（図3-1）という名の学校教育方針を作成した。達成目標などはなく、あくまで、子どもたちにどのような働きかけをし、どのような関係を築いていくのか、教職員間での共有を目指したものだ。できるだけ短いことばで簡潔に表現し、イメージしやすいよう図式化した。4年間で少しずつブラッシュアップはできたが、校長発信の域を出なかった。

　「いのち一番、ニコニコ二番、すすんで三番　やってみよう！」という合言葉は、子どもたちにも浸透していった。初めは「やってみよう！」はなかったのだが、運動会のキャッチフレーズを考えていた児童会の子どもたちから

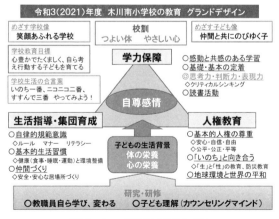

図3-1　グランドデザイン

28 第Ⅰ部 挑戦する学校経営、教育経営

「やってみよう！」とつけた方が、勢いがあって言いやすいという意見をもらったことで付け加わった。グランドデザインそのものより、このような反応があることが大切なのだと思う。

3．それぞれの個性のちがいを理解し、尊重し合う

　給与に反映する評価制度がある今、管理職としてはとてもやりづらいが、他人と比べて優劣をつけるような画一的なモノサシで評価するのではなく、それぞれの「もち味」を認めることを心がけてきた。とは言うものの、人事考課システムにおいて序列化されることにはかわりない。面談の上、自己評価に基づき管理職評価を行うのだが、それぞれの教職員が自分の仕事を俯瞰してみることができ、教職員同士の状況が分かり合えていれば、評価に対するある程度の納得感は得られるように感じた。

　とにかく、教職員が垣根を低くして、リラックスしてコミュニケーションをできるかどうか、和気あいあいとした雰囲気があるかどうかが重要だ。

　「報告・連絡・相談」は大事だが、それは管理職が徹底させるものではなく、同僚性の高い職場環境があって自然と生まれてくるものでなければならない。結局最後は、「人間を信じる」ことしかないと思う。

　お互いが「ちがう」ことを理解して、その上で「何を目指してどのように実践していくのか」一致点を探り続けることが、教育をつくり出すことであって、安易に目標を決めて、目標達成に向け一丸となって取り組む「チーム学校」は危険ですらあると思う。

　仕事の話だけではなく、たわいもない話ができる職員室の雰囲気が何よりも大切だと感じてきた。笑いが絶えない職員室では、子どものステキなエピソードがたくさん聴けることを実感している。

第3節　平凡な日常にある大切なもの

1．どうでもいい「すき間」の時間と空間──幸せのイス「パラダイス」

　誰とも比べられず、順位をつけられることもなく、多様で、寛容で、安心・自信・自由が保障された場所、学校はそんなところであってほしいと願ってきた。しかし、「そんな夢のようなことを言って、苦労するのは子どもだ。現実はそんな甘いもんじゃない！」と一喝する人もいる。しかし、競争して打ち

勝った者だけが生き残るそんな世の中を、本当に子どもたちも私たちも望んでいるのだろうか。

「生きる力」って何なのだろう。すべては個人の能力次第なのだろうか。社会のシステムには問題がないのだろうか。様々な視点から疑問を持ち、クリティカルに考えることが必要だと思う。

そのためには、「役に立つ」かどうかではなく、ただ単に面白い、楽しいという、そんなどうでもいい緩やかで自由な時間や空間がもっとあっていい。

校長室のドア横のホワイトボードの「なぞなぞ」もその１つだった。

「座るだけでウキウキワクワク、幸せな気持ちになるイスはどんなイス？」（図３-２）私が用意した答えは「パラダイス」だったが、「わたし、オムライス食べてるとき、めっちゃ幸せやねん。だから、オムライスでもいいやん」と一人の子が言った。するとまた別の子が、「ぼくはシューアイス食べたら幸せになる」と言った。カレーライス、スイス、ウグイス……次々と子どもの口から出てくる「幸せ」のイスに、多様であることの素晴らしさを実感した。

画一化、均質化する教育システムが、子どもの想像力や創造性を奪っていくことがないよう、子どもが考えを自由に遊ばせることができる世界を守りたいと心から思う。

2020年３月から約３か月間続いたコロナ禍による全国一斉休校の折、運動場にある茶色のベンチをパラダイス（図３-３）にすることを思いつき、「学校が再開したらこのイスに座って幸せになってね」とホームページにアップした。

しかし、その後１年間ほったらかしで、イスはすっかり色あせてしまっていた。描き直そうと、図書館開放に来ていた３・４年生の子どもたちに声をかけた。喜んで手伝ってくれるものと思っていたが、「まちがったらいややし……」「なに描いたらいいかわからんし……」と、なかなか盛り上がらない。

そこに１年生の子がやって来たので、「好きな

図３-２　「幸せ」のイス

図3-3 「パラダイス」

の描いていいよ」と言うと、漢字の「大」を書いた。すると、「なんや、そんなんでいいの？」と描きだし始めた。一旦安心できれば、子どもはどんどん自由になっていく。しかし、裏返せば、学年が上がるに連れ、周りの目や評価を気にさせられるということだ。

いつしか作業に没頭している子どもたちがいた。そして、誰かが「パラダイスには終わりがないわ」とつぶやいた。みんなの手で変化し続けるパラダイス、本来、「学び」とはそういうものなのではないだろうか。どんなに素晴らしくても、無理やり押し付けられてやらされることほど空しいことはない。

2．子どもの願いを聴く──6年生スペシャル土曜授業「逃走中」

1学期をコロナによる全国一斉臨時休校でスタートさせた6年生。運動会をはじめ様々な行事が中止になる中、懸命にリーダーシップを発揮し、学校を盛りあげてくれていた。結局、楽しみにしていた卒業茶話会も中止が決まった。

それなのに、「授業時数確保」のためという理由で、6年生だけが土曜授業を余分に行わなければならない方針が大阪市教育委員会（市教委）より出されていた。学習事項はきちんと終えていたので、6年生だけの土曜授業は実施しないつもりでいたが、市教委からの「指導」が入り、仕方なく実施することにした。

やるからには、ここまで色々なことを我慢して頑張ってくれた6年生に、「6年だけ得した！」と思ってもらえる土曜授業にしたいと思い、「夢をかなえるスペシャル土曜授業」と銘打って、やりたいことを聞いた。

するとテレビ番組でやっている「逃走中」というゲームがしたいということだった。教職員が子どもを捕まえるハンター役（図3-4）になって、普段走ってはいけない廊下をみんなが全速力で走った。子どもたちはとても喜んでくれた。6年生のためにとハッスルした教職員が一番楽しんでいたかもしれない。

この土曜授業のことを知ったコロナ前の卒業生である中学生が、「ぼくたち、やってもらってません！」と学校にやって来た。「君らの頃はコロナもないし、

運動会も茶話会もすべて予定通りできたやんか」と話し、子どもたちを送り出してから気づいた。コロナかどうかには関係なく、「夢をかなえる授業」はできたはずだ。「子どもの声」を本気で聴く気がなかったのだと深く反省した。

図3-4 「逃走中」

3. 理想は、世界一平凡な学校

私にとって理想の学校は、多様で、寛容で、安心・自信・自由が保たれた居心地のよい、笑顔にあふれた穏やかな場所である。そして、教職員と子どもが、時間をかけて試行錯誤しながら主体的に学ぶことができる場所だ。

教職員が子どもたちと共に「ここに居ること」に喜びを感じることができれば、それだけでいい。教育振興基本計画に掲げられた数値目標達成のために、私たちの仕事があるわけではない。

私の「理想の学校」を宮沢賢治風に表現してみた。

　　大資本ニヨルグローバル化ノ嵐ニモ負ケズ、平和憲法ヲナイガシロニシヨウトスル政治ノ流レニモ負ケズ、シナヤカナ人権感覚ヲ持チ、当リ前ノ日々ノ暮ラシニ感謝シ、教育委員会ニハ　ホメラレモセズ、眼モツケラレズ、特色ノナイ平凡ナ学校ト呼バレ、ドンナ子モ安心シテ、ノビノビト自ラ学ビ、アリノママノ自分ヲ認メ、互イヲ尊重シ合ウ、ソウイウ学校ヲ　私ハ　ツクリタイ。

平凡な日常だけど一日として同じではなく、そこにはたくさんの大切なことがある。PDCAサイクルもマネジメントも特色ある取組も要らない。ただ、子どももおとなも楽しく幸せな学校であることだけを願う。

参考文献
久保敬（2022）『フツーの校長、市長に直訴！――ガッツせんべいの人権教育論――』解放出版社。
宮崎亮（2023）『僕の好きな先生』朝日新聞出版。

（久保　敬）

第 4 章

少子化の進展の中で選ばれる高等学校を目指して
——清水南高校における特色・魅力を活かした学校経営の挑戦——

　全国の多くの高等学校が少子化による生徒数の減少に直面し、学級数や教員数の縮小を余儀なくされている。この状況は、学校の規模縮小や活力の低下を引き起こす可能性があり、文部科学省の政策や全国高等学校校長協会の協議などでは、魅力ある学校の創出が重要なテーマとなっている。こうした課題に対し、潜在的な魅力を掘り起こし、積極的に磨き上げることで成功した学校が存在する。その一例が静岡県立清水南高等学校である。本章では、小野田校長（令和3～5年度）が推進した学校経営の取組を示すとともに、設置者である教育委員会の役割についても言及し、少子化社会における公立高等学校の方向性を検討する。　　　　　　　　　　　　　　　　　　　　　　（長倉　　守）

第1節　学校の概要

　清水南高校（以下、南高という）は静岡市清水区に位置し、令和5年度に創立60周年を迎えた。学校は世界文化遺産に認定された三保の松原に近い美しい場所に立地している。平成15年には多様な中等教育を静岡県内で推進する役割を担い、中等部を併設した。県立としては南高と浜松西高校の2校のみが併設型の中高一貫校として存在している。

　また、南高は高校に普通科と芸術科を設置しており、中等部の生徒は原則として高校普通科に進学するが、適性検査を経て高校芸術科に進学することもできる。県立の中高一貫校で普通科と芸術科を併置している学校は全国的にも稀有であり、校内には美術専攻生の作品が数多く展示され、音楽専攻生の歌声や楽器の音色が聞こえてくるなど、文化の香りが漂う校風が魅力である。

　クラス編成は中等部3学級、高校普通科3学級で構成され、芸術科は高校から1学級が加わる形式をとっている。芸術科は音楽専攻と美術専攻の2つの専攻がある（令和6年4月からは演劇専攻を設置）。

　ラグビーは南高の伝統的な部活動であり、過去には花園ラグビー場にて開催

される全国大会に13回出場した実績もある。令和6年3月現在、生徒の男女比は概ね3対7であり、特に中等部入試では女子の志願者が多い傾向にある。

　教育課程は、中学1・2年を基礎期、中学3年・高校1年を充実期、高校2・3年を発展期として位置付け、段階的な学習を促進している。中等部から習熟度別授業や高校の先取り学習等を行い、6年間を見通した計画的学習に取り組んでいる。時間割は高等学校のカリキュラムに合わせており、中等部では週に2日間の7時間授業と3日間の6時間授業を実施している。このシステムにより、数学や英語の授業時間が増加し、生徒の学力向上に寄与している。

　芸術科の音楽専攻では、聴音や音楽鑑賞、研究的授業、ソルフェージュなどの専門科目があり、生徒一人一人に専任の教員が付く体制で、充実した音楽教育を提供している。また、美術専攻では全生徒が美術部に所属し、個別の指導のもとで3年間にわたり熟成された技術を身につけている。

　これらの学校経営および教育活動の基盤にあるスクール・ミッションとして、「世界文化遺産のある三保の地で、普通科と芸術科を併置した県立中高一貫校として、表現活動や探究活動及び芸術教育を通じて、高い知性と豊かな感性・表現力を備えたグローバル人材の育成を目指す。」を掲げている。学校の特色を形成する源泉として位置付けている。

　入試では中等部の定員は120名（令和5年度入試から105名）であり、全員が高校普通科に進学する場合には高校入試は不要となる。芸術科の入試は40名の定員で、中等部から芸術科に進学する生徒も一定数存在する。また、一部の中等部生は他校への進学を希望するため、その欠員を高校入試で補充している。また、最寄り駅であるJR清水駅から車で20分程度かかり、アクセスは決して良いとは言えず、生徒募集に少なからず影響を与えている。

第2節　学校の課題

　私が赴任した令和3年当時に感じた南高の課題は以下の3点である。

　1点目は、中等部の志願倍率の低下である。赴任当時の中等部1年生と3年生は定員が充足されていない学年であった。また、高校芸術科の定員も10年以上、定員割れが続いている状況であった。

　2点目は、中等部から高校への接続に課題があり、一部の生徒が他校に進学する傾向が見られることである。つまり、中高一貫校でありながら、中高の連

携が必ずしも円滑ではない状況であった。コロナ禍により、様々な学校行事が中止になっていた影響もあったのかもしれない。

　3点目は、3学級規模の中高一貫校であるが故、学校内での人間関係が一度崩れると、なかなか修復することができずに、不登校になる生徒や転退学する生徒が生じやすい状況にあったことである。

　まず、具体的に中等部の志願倍率を見ると、令和3年度の中等部1年生は入学定員120名に対して109名に留まり、当時の中等部3年生も定員を満たしていなかった。この状況が続くと、6年間の定員が割れたままとなり、学校全体の教育活動に影響を及ぼすことになる。また、芸術科の志願倍率は10年以上、定員を充足しておらず、特に音楽専攻の志願者減が顕著であった。これは、リーマンショック以降の経済的な影響や、それに伴う音楽教育への費用負担増加、子どもたちの習い事が多様化したことが要因として考えられる。

　次に、中等部から高校への接続である。南高は筒形の中高一貫校として6年間を見通した教育活動を行っているが、令和3年度の高校1、3年生は中等部から高校に進学する際に、約10名の生徒が他の全日制普通科の高校へと進学しており、高校2年生にいたっては、約15名の生徒が他校へと進学している。

　最後に、不登校と転退学者の問題である。中等部では直接的な転退学は見られないが、不登校の生徒が一定数おり、高校に進学する際に広域通信制の高校に進学したり、南高に入学したもののほとんど登校できず、高校1年の途中で転退学したりする生徒が存在する。

　これらの課題に対して、① 中等部の志願倍率の向上、② 高校への進学促進、③ 不登校及び転学者を減少させるためのサポート体制の充実が重要であると考えた。そのため、まずは中高の教職員全体で南高が抱える課題を共有し、中高の教職員全員で6学年の生徒の指導・支援をしていくことを再確認した。そして、後述するアカデミック・ハイスクール事業を通じて、それぞれの課題解決のための方策に学校全体で取り組む体制を構築することとした。

第3節　魅力ある学校づくりの推進

1．アカデミック・ハイスクールの指定

　私が赴任した令和3年度から3年間、南高は県教育委員会から「アカデミック・ハイスクール」に指定された。この指定は、静岡県舞台芸術センター（以

下、SPAC）との連携を通じて演劇科の設置に向けたカリキュラム研究を推進することを目的としている。研究の発端は、静岡県教育振興基本計画に新たな学科設置による高校の魅力向上が盛り込まれたことによる。SPAC は、演劇を中心とした文化活動を県内外に広める役割を果たしており、その活動は海外からも高い評価を受けている。

　「アカデミック・ハイスクール」の研究目的は先述した通りであるが、私は県の研究指定を活用し、南高が抱えている課題解決を図り、南高をより魅力的な高校にしたいと考えた。具体的には志願倍率の増加や不登校・転退学者の減少に結び付けるため、① 中等部の魅力向上、② 高校普通科の魅力向上、③ 高校芸術科の魅力向上に取り組もうと考えたのである。したがって、研究テーマは SPAC と連携して、演劇科設置に向けてカリキュラムを研究することであったが、必ずしも演劇科設置をゴールとせず、この研究指定は南高をより魅力ある高校にするためのものであることを教職員に説明し、理解を得た上で、「アカデミック・ハイスクール推進委員会」を中心に研究と協議を重ねていった。

2．中等部の魅力向上

　中等部では設置当初から、文科省の教育課程特例校として教科「表現」の授業を導入し、身体表現、言語表現、音楽表現を組み合わせた総合表現活動を週2 時間行っている。具体的には、演劇やミュージカルに取り組んでいるが、私が赴任した令和 3 年度当初は中心的な役割を担っていた教諭が転勤し、残された教員たちが活動計画を模索する状況であった。

　そこで、SPAC との連携を提案し、「表現」の授業の指導に SPAC の俳優や技術スタッフが指導しに来てくれるようになった。その実績を積み上げた上で、SPAC との正式に連携協定を締結した。この取組は中等部の特色の 1 つとなった。

　中等部生は例年 2 月頃に「表現発表会」を外部のホールを借りて実施し、マスコミにも報道されるなど大きな注目を浴びている。特に 3 年生は「表現」で学んだことの集大成としてミュージカルを上演しており、教員や SPAC の指導の下、脚本から演出、俳優、大道具、小道具、衣装まですべて生徒が手がけている。

3．高校普通科の魅力向上

　高校普通科では、中等部の「表現」の授業で培った表現力等を基盤に新たな取組を進めている。そもそも、中等部の看板とも言える「表現」の授業を引き継ぐような教育活動が高校普通科に存在しなかったため、中高の円滑な接続にも寄与すると考え、高校の教育課程を見直した。その結果、これまで南高では、「総合的な探究の時間」を「探究と表現」と呼び、スピーチコンテストなどを実施していたが、そこに演劇的手法を取り入れた活動を新たに取り入れた。具体的には、高校1年生は一人芝居を通じて自己理解を深め、高校2年生は社会とのつながりをテーマにしたグループ劇を制作し、高校3年生では小論文の作成等を通じて探究活動に取り組んでいる。高校の「探究と表現」は、中等部の「表現」で身につけた表現力等をさらに伸長する活動となっており、6年間を通じて生徒の豊かな感性と表現力を養う縦櫛が通ったと考えている。

4．高校芸術科の魅力向上

　高校芸術科の魅力向上として、外部との連携を積極的に推進し、地域の企業や文化施設との連携により、生徒たちに豊かな学びの機会を提供している。例えば、美術専攻の生徒は、地元の公益財団法人が実施している教育研究助成事業のポスターを制作したり、音楽専攻の生徒は静岡県立中央図書館で演奏会を開催したりしている。

　演劇科の設置に向けては、他県の先進事例を視察し、その運営や教育内容について学ぶことで、演劇と教育の親和性を実感するとともに成功事例を導入する取組を進めた。中等部での豊富な表現活動の基盤を活かし、演劇科ではなく、芸術科内に演劇専攻を設置することとなり、令和6年度入試で第一期生を募集した。新しく設置する演劇専攻では、教員として配置された SPAC の元俳優が中心となり、SPAC の劇場等も活用した実践的な演劇教育を展開していく。

5．その他の魅力向上

　不登校及び転退学者対策については、生徒の性別比率を考慮し、女性スクールカウンセラーを県費と私費で合計2名配置するとともに、県費でスクールソーシャルワーカーが配置された。現在、週3回、公認心理士等の資格を持つ者が在籍し、生徒の相談窓口として確立している。また、生徒課を生徒相談課に改編することで、相談業務等の充実を図った。

校則改定にも取り組み、令和3年度途中から男女別制服を廃止した。これにより、スラックスやスカートなど、生徒たちの制服の選択肢が広がるとともに、多様性を尊重する文化が醸成されている。また、南高の伝統あるラグビー部の魅力化のため、令和4年度には、ラグビートップリーグの静岡ブルーレヴズとの産学連携協定を締結した。ブルーレヴズのコーチ（元日本代表選手）が、中高生の指導を行っている。

第4節　成果と課題

これまで記載してきた通り、「アカデミック・ハイスクール」の指定を受け、本事業の実質的な目的を南高の魅力化と定めて、教職員が一丸となって取り組んだ結果、南高の抱えている課題も一定の改善傾向にある。

中等部の志願倍率は、令和5年度選抜の倍率が1.18倍、令和6年度選抜が1.48倍と大きく改善した。高校芸術科の志願倍率は演劇専攻の設置が功を奏し、十数年ぶりに定員を充足した。

中等部卒業時に他校へ進学する生徒数についても、令和6年度現在の高校1、2年生は大きく減少している。「アカデミック・ハイスクール」による取組により、中高の連携が強化され、教職員や生徒の交流が活発化するとともに、「南高で6年間の学校生活を送る」という雰囲気が醸成されてきたと言える。

また、高校における転退学者は大幅に減少している。教育相談体制の充実など教職員一人一人が生徒に寄り添った指導を行ってきた結果だと考えている。

今後の課題としては、中等部における不登校のさらなる対策、校舎の老朽化対策、交通アクセスを補うスクールバスの増便などが挙げられる。

第5節　静岡県の県立高校の現在地との関連

ここまで南高について述べてきたが、静岡県の県立高校の現在地についても言及しておきたい。少子化により静岡県においても中学の卒業者数は減少しており、15年後は現在の6割近くまで減少することが見込まれている。当然、県立高校も現在の学級数を維持することは難しく、高校を統廃合し、学校数を減らすか、1学年3学級程度の小規模校を点在させるか二者択一を迫られている。

これまで静岡県は県教育委員会が高等学校の再編整備計画を策定し、新構想

高校等の創立など前向きな統廃合に取り組んできた。しかしながら、当時の知事の発言もあり、静岡県では「第三次長期計画（再編整備計画）」が頓挫した現状にある。現在は、新たに策定した「静岡県立高等学校の在り方に関する基本計画」に基づき、県内各地域で協議会を開催し、地域の県立高校の在り方について議論しているが、この計画では具体的な統廃合については言及していない。したがって、当面、少子化に対応するためには、各学校の学級数を削減せざるを得ず、定員割れが発生するとさらに学級数が減少し、教員数の削減や部活動の精選、学校行事の縮小につながっている。

　また、静岡県内の多くの県立高校は、私立高校と比較して校舎の使用年数が長く、また交通アクセスに課題のある学校もあり、これが人気低下や定員割れに繋がる要因となっている。昨年度の高校入試では、静岡県内の約半数の学校が再募集を行っており、定員を満たす学校と満たさない学校の二極化につながっている。

　静岡県の県立高校がどうあるべきかの未来図が描けない状況で、３年程度の在籍期間しかない校長は、自分が勤務する高校が15年後に存続しているのかどうかもわからないまま、つまり、中期的な視野での学校経営ができない状況の中で、魅力ある学校づくりに取り組んでいる。

　少子化は全国的な問題である。全国の公立高校は特色ある教育活動を実施しているが、それが直接的に志願者増に結び付かない場合も多い。学校が単独でできることには限界があるため、学校の特色に応じた人事配置や予算措置が不可欠であり、教育委員会のリーダーシップが求められる。教育委員会は将来の県立高校の方向性を明確にし、校長の学校経営を支援する必要がある。

（小野田秀生）

第6節　小野田校長の取組

　本章は、清水南高校の校長を務めた小野田氏（＝第一筆者、以下、筆者という）が、教育行政と学校現場の双方に精通した経験を活かし、少子化が進行する中で公立高校がどのように魅力を高めるべきかという課題に取り組み、学校の特色化を推進した事例を詳細に記述している。清水南高校が直面した課題として、志願倍率の低下、中高の連携、不登校や転退学者の存在が挙げられる。これに対し、筆者は「アカデミック・ハイスクール」の指定を契機に、中等部や高校

普通科・芸術科の魅力向上を図り、校種や学科を越えた一体性や教育相談体制の充実など、学校の活力を維持・向上させるための具体的な方策を実施し、成果を挙げた。

　筆者の取組は、学校の歴史や風土に立ち返り、清水南高校のスクール・ミッションを重視する姿勢に基づいている。筆者は周年記念誌を参照し、創立当初からの理念や願いを理解しつつ、地域資源であるSPACとの連携など、生徒の表現力や感性、知性を育む教育内容の充実に注力した。このような取組は、単なる表層的な改革にとどまらず、学校の本質に根ざしたものであり、清水南高校の特色と伝統を磨き上げると同時に、現代の学校課題に対応する改革であった。また、筆者が教職員や生徒に対して、学校の置かれた状況や進むべきビジョンについて熱心に語りかけたことは、組織の一体感を高め、改革の推進力として機能した。

　しかし、少子化に伴う生徒数の減少は、学級数や教員数の減少を招き、学校単独での解決が困難な課題を引き起こしている。これに対して、筆者は県教育委員会のリーダーシップの重要性を強調しており、地域全体の教育資源を最適化し、公立高校の魅力を維持するためには、教育行政の積極的な関与が必要であると指摘する。他方で、筆者の取組は、短期的な成果に留まらず、高等学校の中長期的な方向性を見据えたものであり、全国の公立高校が直面する課題に対する示唆に富んだ改善策の1つとして、広く参考にされるべきである。

（長倉　　守）

参考文献

全国高等学校校長協会（2024）『第76回総会・研究協議会資料』全国高等学校校長協会。

中央教育審議会（2021）「『令和の日本型学校教育』の構築を目指して──全ての子供たちの可能性を引き出す、個別最適な学びと協働的な学びの実現──」中央教育審議会答申。

原北祥悟（2024）「高校魅力化推進過程における学校経営の課題と展望──熊本県を事例にして──」元兼正浩編『実践の学としての教育経営学の探究』花書院。

第 5 章

教育委員会との連携の際に
NPO が持つべき視点とは

第1節　教育経営における NPO の役割

1．NPO の役割に関する先行研究

　教育における NPO の役割は十分に位置付けられているとは言えないが、その存在感は高まってきている。例えば、2014年6月に閣議決定された国の教育振興基本計画には NPO という単語は6件認められる（企業は46件）にも関わらず、2023年8月に閣議決定された教育振興基本計画には NPO という単語の記載が12件（企業は78件）認められる。教育におけるアクターの多元化がこの10年間で進んできたとも言える。

　しかし、先行研究においても自治体の教育経営において NPO がどのようにして行政と連携協働を図ってきたのかを記述した研究は乏しい。本検討は実践の中でどのような葛藤や困難さを抱えてきたのかについても焦点を当てながら見ていきたい。

2．本実践についての検討に関する問い

　今回は東日本大震災津波で被災した岩手県大槌町で震災後から認定 NPO 法人カタリバ（以下、カタリバ）が行った実践を対象に検討を行う。また本報告は実践の記述を基にするという性格上、実践者である執筆者の視点で記述される。本実践報告に深く関わった執筆者の略歴の紹介が本報告の理解の一助になると考え、紹介する（表5-1）。

　また本実践検討の問いとしては、地域教育経営において NPO はどのような役割を果たしうるか、またその役割を負うためには連携する NPO としてどのような視点が必要なのかを探っていきたい。

第5章 教育委員会との連携の際にNPOが持つべき視点とは　*41*

表5-1　執筆者の略歴紹介

時　期	役職（詳細後述）	備　考
① 2009.3	教育学部卒業	
② 2009.4-2011.8	民間人材紹介会社に新卒で勤務	
③ 2011.9-12	（岩手県大槌町）放課後学習施設 コラボ・スクール大槌臨学舎立ち上げ担当	※所属企業を一時休職
④ 2012.1-10	民間人材紹介会社に復帰	※所属企業に復帰
⑤ 2012.11-2017.3	コラボ・スクール大槌臨学舎 校舎長	※カタリバに転職
⑥ 2013.4-2015.3	大槌町学校支援コーディネーター	※併任※町より委嘱
⑦ 2015.4-2017.3	コミュニティ・スクールこども支援部会長	※併任※町より委嘱
⑧ 2017.4-2019.3	大槌町教育専門官として教育委員会に常駐	※町より委嘱

表5-2　大槌町の教育の流れ

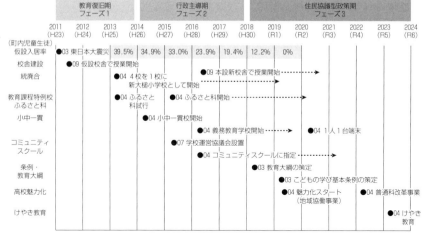

出典：筆者作成。

第2節　大槌町における実践

1．実践の概観

今回紹介する実践は、2011年9月から2022年頃の期間に焦点をあてて検討を行う。その中で2011年3月より教育行政が取り組んだものを時系列で示す。（表5-2）検討するにあたっては震災後からの経過を3つのフェーズに分け、

検討する。1つ目は2011年度～2013年度の［① 教育復旧期］である。また2つ目は2014年度～2017年度の［② 行政主導期］である。最後は2018年度以降の教育を指す［③ 住民協議型政策期］である。

2．東日本大震災津波時の状況
（1）大槌町の状況

大槌町の面積は200.42 km²、人口は1万557人（2024年7月現在）で、津波で被災した他沿岸市町村同様、人口減少が急速に進んだ町である。明治以来、明治三陸津波（明治29年）、昭和三陸津波（昭和8年）、チリ地震津波（昭和35年）を経験している津波常襲地域であるが、東日本大震災による被害は過去最大となり、死者行方不明者は人口の8％にあたる1286人（当時の人口は1万5994人）となった。町の中心部は壊滅的な被害を受け、町長が亡くなるなど全職員の2割にあたる40人を失い、行政機能も麻痺した。

（2）学校・こどもの状況

町立学校の児童生徒も犠牲となり、両親もしくは片親を亡くした生徒は多くいた。学校教育施設についても、町内にあった小学校5校、中学校2校のうち5校の使用ができず、学習場所は被災を免れた学校や町内にある県立高等学校、県立青少年の家を活用しながら行われた。外部からの支援受入についても、当時指導主事だった武藤（2014）は「日に日に増え続ける支援物資の対応に苦戦した。世の中にはこんなにも多くのNPO法人が、と思うほど日本全国・世界各国から支援の申し出を受けた。（中略）丁重にお断りしなければならない状況もあり、『人の誠意に対して無礼だ』とお叱りを受けることも度々であった。」と述べ、NPOに対して必ずしも良い印象を持っていなかったことが窺える。

3．震災後のフェーズ1（教育復旧期）
（1）子どもたちの状況と大槌町教育行政の取組

2011年に被災をしてからの教育行政の最大の課題は、そして通常の学校生活に戻すということであった。被災した子どもたちの心のケア、スクールバスの運行等安全な通学環境の確保など本来の学校教育では例年通りで行うことのできる活動も見直しを迫られた。また当時の目下の課題は仮設校舎の建設であった。

図 5-1　コラボ・スクールで学ぶ子どもたち

（2）カタリバと行政の連携

　カタリバは2011年9月に大槌町教育委員会（以下、教委）と協議をはじめた。当時教委はカタリバに対して懐疑的で「いつまでいるか分からない NPO に協力することは難しい」「どうせこのような場を作っても子どもたちは来ない」といった趣旨の発言もあった。行政と連携して行うには時間がかかるため、当初は NPO として独自にはじめた取組であった[1]。2011年12月にコラボ・スクール大槌臨学舎として開講し、町内中学3年生の約7割にあたる80名以上の生徒が通い、学習を行った。当時の保護者のアンケートでは、「食事のテーブルと勉強のテーブルが一緒なので、食事の時は勉強を中断させたり、ほかの場所（床、布団の上）で勉強をしていた。外で勉強を済ませて帰宅するので家にいる人の食事も落ち着いたし、本人も家では食べることを楽しめるようになった。」と答え、特に保護者からの期待と継続の声は多かった。

　取組開始後も教委や学校の関心は低かった。しかし、前述の通り、いつまでどの程度支援するのか分からない NPO に対する不信もあったのだと考えられる。教委との連携協働が当初からできていたと言うには程遠いスタートとなった。

4．震災後のフェーズⅡ（行政主導期）
（1）子どもたちの状況と大槌町教育行政の取組

　この頃になると仮設住宅の入居率は2〜3割となり、学校機能も一定回復をしてきた。そのような中で教委は、伊藤教育長（当時）の構想であったコミュニティ・スクール化、ふるさと科の開始、小中一貫教育の開始という3つの取組を進めた。「ふるさと科」は、「生きる力」や「ふるさと創生」を基盤とした特別の教育課程として組まれ、カリキュラムの特性上、地域との連携が欠かせ

図5-2 ふるさと科の様子

ない取組であり、教委が主導するものの、実際に協力をしてくれるような地域住民の主体的な意欲を引き出すことが必要であった。

(2) カタリバと行政の連携

2013年4月、教委より学校支援コーディネーターの委嘱を受けた（地元住民1名と私）。ふるさと科の授業実現のために協力をしてくれる関係者の協力を取り付けるため、1年間で100人以上の地域住民との接点を持った。コーディネーターをカタリバに委嘱した理由は、何かの専門性や大きな実績があると当初思われていたわけではなく、町内で担い手を見つけられなかったからだと思われる。しかし私としては、ふるさと大槌を学ぶ科目のコーディネーターが大槌の歴史や文化を分かっていないにも関わらず、どんな役割を果たすことができるのかということについて葛藤があった。私が辿り着いた1つの結論は、私は地域住民の思いの媒介者であって、自身が強い主張を持つ必要はなく彼らの願いを教育課程と接続させる役割であるということだった。

引き続き運営していたコラボ・スクールとしても学校との連携には非常に苦慮した。何度も足を運び、顔を覚えてもらったり、なんとか取り付けた飲み会でもクイズ大会を催したりして、距離を縮めようとするなど関係性づくりに苦心した。

5．震災後のフェーズ3 （住民協議型政策期）
(1) 子どもたちの状況と大槌町教育行政の取組

2018年頃からのフェーズ3は、本設校舎の建設が終わるなど学校の復旧も目処が立ち、仮設住宅の入居者も10％程度となり、不十分な住宅環境にも出口が見えてきた時期であった。ただ一方で震災から6年経っていたこともあり、多くの教員は震災を経験していない教員に入れ替わっていた。また指導主事も震

第5章　教育委員会との連携の際にNPOが持つべき視点とは　45

教育大綱策定の道筋

熟議でつくる教育大綱の策定

総合教育会議
総合教育会議にて、首長・教育委員で教育大綱を決定
みんなでつくる"教育の町「おおつち」"宣言として、首長が宣言！
H30年度から実現に向けて動き出していく

テーマ分科会
幼保や県立学校なども交えながら、どんな町民にあふれる町にしたいかや、大槌の今後のあるべき教育について熟議を行った

宣言する　場に集う

言葉を紡ぐ　深める

大綱策定懇談会
テーマ分科会、大槌教育未来会議を受けてこれまでの思いを言葉に

大槌教育未来会議
郷土芸能・部活動地区子ども会をテーマに地域の代表者と文部科学大臣補佐官の鈴木寛先生にご意見を頂き深めていきました

図5-3　教育大綱策定までの流れ

災直後の教育改革を経験していない職員となり、震災後に目指された教育理念の再設定・再共有が課題となっていた。そうしたことを見越して2017年4月に執筆者が希望し、大槌町教育専門官として教委に常駐することとなった。当時希望した理由は単体のNPOで大槌の教育復興を成熟させていくことには限界があり、行政や地域団体と共に教育改革を行っていくためには行政の視点や役割で取り組む方が価値を発揮できるのではと感じていたからだ。伊藤教育長は当時をこう語る[2]「あの日、菅野君から教育委員会で働きたいと申し入れがあったとき、ちょうど小中一貫教育のその先、高校教育までを見据えた町の教育を大きな視点でとらえ、改革を推進していく人材を求めていたところでした。菅野君のこれまでの働きは見ていましたから、適任だと思い、今までに例のない『教育専門官』という役を彼のためにつくりました。これからの大槌町には、彼のように本気で、大槌の教育を支えてくれる存在が必要だ、と町長と副町長に直談判して」。担当業務は町長・教育長の命を受け、住民を巻き込んだ教育大綱の策定であった。目指す理念をのべ500人以上の住民や教育関係者との対話で共有し、大槌町が教育政策として取り組むべきことを大綱案として総合教育会議に諮った。また2019年3月に大綱策定時の熟議の内容を基に大槌町こど

もの学び基本条例案を策定し、議決された。NPO に委託することとしては全国的にもまだ例は多くないであろう。

（2）カタリバと行政の連携

　教育大綱の策定は私にとってもこれまでの NPO による行政連携と異なる新たな視点を獲得する機会となった。伊藤教育長に一度教育大綱について相談をする機会を得た際に「この提案では震災後の大槌のことしか語ることができていない、大槌は700年にも及ぶ歴史がある、これからの未来もある。そうしたことを踏まえた教育大綱をつくってほしい」と指摘を受けた。近視眼的に捉えていた私の視点を見直し、中長期の視点で取り組む機会となった。また私が苦労したのは、「行政と NPO のスタンスの違い」である。NPO は行政に対してシングルイシューを携えて対峙するが、行政はもっと広いイシューを対象としている。そのため、これまでのような自身の関心事のイシューだけではなく、住民のニーズを総合的に探る姿勢が求められ、広い視点で取り組む機会となった。

第3節　地域教育経営における NPO の役割と当事者としての視点

1．カタリバ（NPO）が大槌で果たした役割

　第2節で見てきたように大槌町の教育復興は、子どもたちや保護者の置かれている生活環境、地域の状況によって求められるものが変わってきた。表5‐3で示したように大槌町におけるカタリバの役割は放課後に学習支援の場所を提供する「サービスの提供者」から地域住民と学校をつなぐ「コーディネート」の役割、さらに住民の声を集め理念化していく「ファシリテート」の役割も期待されることとなった。

　役割が変わった要因としては、信頼関係を構築したことが挙げられる。固定化されたステークホルダーの中で行われていた地域教育経営の中で、敵ではなく・共に理念を実現してくれると思ってもらえたことが功を奏した。またファシリテートが任されるようになった点については、住民ニーズを聞き取りながらそれを教育行政の言葉に置き換えながら理念にしていく専門性も期待されていたのだと感じる。

第5章　教育委員会との連携の際にNPOが持つべき視点とは　*47*

表5−3　ステージごとのNPOの役割変化

	NPOの役割	役割が変わった要因
教育復旧期	・震災後の学習場所の確保 　（民間としてのサービス提供）	・こどもたち、保護者との信頼関係
行政主導期	・行政の求める理念の実現に向けての 　コーディネート	・地域住民とのネットワーク ・継続的で（地道な）姿勢が行政から 　の信頼に
住民協議型政策期	・理念構築に向けたファシリテート 　（理念を策定するための住民の声の 　媒介者としての役割）	・丁寧に住民ニーズをヒアリングし、 　反映しようとする姿勢 ・教育動向等に関する識見

2．役割を変えるに至る当事者の視点

　実践報告として今回取り上げたい当事者の視点としては2つの視点がある。1つ目は「サービス提供」「コーディネート」の役割の際に行っていた信頼関係構築の視点である。カタリバは当時、教委から震災復興のための「支援」として来ていたと捉えられていた。しかし先の武藤の語りからもNPOの「支援」はNPOの「したいこと」をもって行われることに教委は懐疑的であった。NPOと行政の長期的な関係性を築いていく上では、支援する側と支援される側という構図の中に置くのではなく、対等に教育の復興を目指したいという関係である必要があった。そのために心がけていたのは、とにかく信頼関係を構築するということであった。そのためにとにかく教委の求めることに何でも応えようとし、「単純接触効果」を合言葉に何度も顔を合わせることで警戒感を薄め、カタリバは「共に課題を解決できる」団体なのであると感じてもらう必要があった。

　また2つ目の「ファシリテート期」に心がけていたことではあるが、NPOが「主体」とならないということである。本来NPOが目指すべきは、自団体の存在価値を最大化することではなく、社会課題を解決するために最善の役割を担うということである。そのためにはNPO単体で価値を発揮するのではなく、連携協働をしながら価値を発揮していく姿勢が求められる。そうした際に、地域における課題解決の「主体」の位置を自NPOが得ようとして活動を行うと、周りの他のNPOや地域団体の意欲を削いでしまう結果となる。これは先に述べたNPOがシングルイシューでサービス提供する役割から、公の理念を構築するようなファシリテートを行っていく役割に変化するには非常に重要で、自NPOを主体として置くのではなく、NPOが住民ニーズを組み上げる媒介

者であり、住民ニーズを実現するサービスの1つのプレーヤーでしかないことを前提とする必要がある。

　あくまで実践報告という執筆者の視点ではあるが、この視点が今後の研究とシーズとなることを期待する。

注

1）　それでも教委はカタリバからの依頼ではあったが、「大槌臨学舎」という屋号をつけたり、場所としても自治会館を提供したりするなど、一定のサポートはしていた。

2）　認定NPO法人カタリバ「震災から9年―。対話を軸に町の教育の未来を町民みんなでつくる岩手県大槌町の挑戦」〈https://www.katariba.or.jp/magazine/article/report200226/〉、2024年8月24日閲覧。

参考文献

武藤美由紀（2014）「被災直後の学校の状況」山下英三郎・大槌町教育委員会編著『教育を紡ぐ 大槌町 震災から新たな学校創造の歩み』明石書店、28-49。

（菅 野 祐 太）

第 **6** 章

学校での実践と大学院での研究をつなぐ

第1節　教職大学院では何を学べるのか

　教職大学院は、大学4年間プラス2年間で高い実践的指導力と思考力を身につけた教員を養成する高度専門職養成機関として構想された。同時に、現職教員も対象とし、スクールリーダー[1]の教育経営力の高度化を促進するスクールリーダー養成・研修機関としても重要な役割を担うものと期待されてきた。制度化以来着実に数を増やし、2024年現在、全国に54校設置されている。

　従来の修士課程での教育研究と比較すると、修士論文の廃止や、実践的有用性を重視するカリキュラム、長時間の実習などに特徴がある。そこでの学びや研究は、教育の実質的な改善に貢献することを強く意識されたものとなっている。それゆえに、「理論と実践の往還」をカリキュラムの中核理念としている大学院も少なくない。第1章から第5章まで、教育現場の最前線でより良い教育に向けて挑戦する人々の実践が紹介されてきたが、これらの実践と教育研究との間をつなぐ場としても、教職大学院の役割はいっそう大きくなってきているものと思われる。新しい教育に挑戦しようと考える実践者にとっては、貴重な研究の場を提供してくれるものでもある。

　とはいえ、何が実践的有用性なのかは曖昧であり、往還のありようも各大学の解釈にゆだねられている。実践の場を離れて研究に向き合うことで、意味のある経験を得ることができるのかどうか、今まさに実践の場にいる者や教職大学院に進学した者にとっては気になるところだと思われる。

　大学院で学んだ教員は、そこから何を得て、どのような実践研究の形を掴んだのだろうか。学校での実践をどのような目で眺めるようになり、教育経営改善のアクションを取るに至っているのだろうか。現職派遣院生の側から見た「実践を研究すること」について、3名の当事者に語ってもらった。

（安藤知子）

第Ⅰ部　挑戦する学校経営、教育経営

第2節　 当事者1 　しっかり立ち止まり、
　　　　　迷うことができるスクールリーダーを目指して

　私は、2015年、教職15年目の年に現職院生として教職大学院で学んだ。きっかけは、教職大学院での学びを終えた先輩からの勧めがあったからだ。その勧めを受け入れたのは、私自身の教職への不安と迷いがあったからだと思う。

1．よい教師であろうとした自分

　採用10年目を過ぎたあたりから、高学年の担任、そして学年主任を連続して引き受けることが続いた。日々、「よい学級」「よい授業」のために、毎朝、早く起き、数時間かけて授業準備もした。しかし、思春期を迎える児童との関係づくりは難しく、手詰まり感を感じることも増えた。

　時期を同じくして、研究主任として、校内研究の計画・準備など全体の業務をリードしなくてはならなくもなった。幸いにも共に学年を組んだ同僚や当時の管理職に助けられながら、なんとか過ごすことができたが、「自分自身がよい授業・よい学級をつくれていないのに、主任として役割を果たせているのか」と葛藤も抱えながら過ごしていた。

　今振り返ると、不安や迷いを打ち消し、自分は「よい教師」であると証明したくて、周りから求められる多くの役割を引き受けている部分もあったのではないかと思う。立ち止まったり、迷ったりして人に弱さを見せたくなかった。

2．教授から言われた厳しい言葉

　教職大学院に行って学べば、知識や技術を身につけることができ、不安や迷いのない「よい教師」になることができるのではないかと考えていた。けれども、すぐに、その考えが浅はかだったことに気が付いた。

　大学院の講義で、「教員の意識と組織行動」という科目があった。その中で、同僚へのインタビューをもとに、その人が教職についてどんな意識をもっているのか考察する課題が出た。私を含めて受講者の多くが、「いつもは聞けない相手の思いをしっかり聞けた」、「インタビューは面白い」と満足していた。しかし、担当教授からそんな私たちに「みなさんは、相手の言葉を聞いているようで、まったく聞いていない。インタビューをした相手に失礼だ」と厳しい言

葉を投げかけられた。教職での今までの経験から得た、自身の認識から離れることができず、インタビューから得られた言葉を利用して、自分の思いや考えを語っているに過ぎないものだったのだ。

3．立ち止まること・迷うことへの気づき

その時のことが、しばらく頭から離れなかった。「物事を少しでもしっかり捉えるにはどうすればいいのだろうか」と、問題意識を持つようになった。教授のアドバイスもあり、修了論文で、当時の勤務校の教員の意識を調査するため、再びインタビューに挑戦する機会を得た。

前回の経験を活かして、インタビュー相手の語りに向き合った。すぐに「こう言いたいのだろう」と決めつけてしまう自分が出てきて苦労した。何度も立ち止まり、迷いながら時間をかけて整理していった。すると、インタビュー当初に、「相手の思い」と私が考えていたものとまったく違ったものが、分析結果として出てくることに驚かされた。様々な思いをもち、個人内でも多くの葛藤を抱えている「人間としての教師」に触れることができた瞬間であった。

私の大学院での学びは、「よい教師」になるためのすぐに役立つ知識や技術を得られたことではない。物事をありのままに捉えるためには、今まで否定的に捉えていた「立ち止まること」「迷うこと」がむしろ必要であることに気がつくことができた。「よい教師」とは、「立ち止まらない教師」「迷わない教師」ではなかったのだ。

4．教頭職の難しさ

私は現在、教頭になり4年目を迎える。教頭になって一番驚いたことは、対応する業務の幅広さだ。まさに「迷わず処理する」という感覚で仕事をせざるを得ない。そんな日々の中で、教職大学院の学びを見失いそうになることもある。働き方改革に伴う時間の"余白"が少なくなるなかで、それは私に限らず、多くの教職員にとっても同じ状況ではないだろうか。

幸いにも、私は修了後も教職大学院の教員の方々と繋がりをもつことができており、毎月行われる研究会に参加したり、発表の機会をいただいたりもしている。そういった部分だけを見ても、自分の身をおくコミュニティが増え、教職大学院での学びは私にとって貴重なものになったことは間違いない。

5．修了後の挑戦とその中で感じる自分自身の変化

現在、大学院での学びを活かして次のような勤務校の組織づくりを進めている。修了論文で学校の現状へのそれぞれの教職員がもつ問題意識に大きな違いがあること、そしてその違いに対する様々な葛藤（コンフリクト）が生じていることが分かった。スティーブン・P.ビンス（2009）が組織行動において「低レベルのプロセス・コンフリクトや低〜中レベルのタスク・コンフリクトは、生産的なコンフリクトである。」と述べているように、葛藤を否定的に捉えずに、適切に認知・対応する機会をもつことが、より良い組織づくりに必要である。一方で、働き方改革に伴い、そういった機会を教職員がもつことは難しくなっている。

これらの問題意識から現在、『学校づくり研修』と銘打ち、教職員が対話する研修を年間通して企画・運営している。取り扱うテーマは、「本校児童の課題」や「○○小の役割」など、あえて教職員間で葛藤が生じやすいものを設定している。さらに教諭だけではなく、栄養教諭や養護教諭・事務職員にも参加してもらい、対話の中で多様な語りがうまれることを目指している。“あるべき”論で終わらない意見交換が行われ、研修後の「所属意識が高まった。」「共通理解が進んだ。」等の意見から、教職員はその必要性を感じているようである。

加えて、先ほど述べた教職大学院の研究会に参加し、「教師とは？」「学校とは」などより本質的な問いについて意見を交換している。そこでも校内の『学校づくり研修』で出た意見や自分自身が悩んだ内容を、投げかけることがある。すると校内の研修とはまた異なった視点の意見をもらえることも多く、それぞれのコミュニティで得た知見を交流・共有することで、また新たな知見を得ることができている。

大学院に行く前は、「当たり前に考えていたこと・やっていたこと」も、修了後は、立ち止まったり、迷ったりすることが、むしろ多くなったかもしれない。今も、学校で起きた問題についてどう対応しようか「迷って」いる。ただ、その迷いを省察のチャンスと考え、受け入れられるようになってきている自分自身の変化も感じている。しっかり迷って、実践家として今できることを行い、その過程や結果を振り返る、この姿勢を今後も続けていきたい。

（元生安宏／小学校教頭）

第3節 | 当事者2 | 高いパフォーマンスを発揮する学校と教員集団

1. 教員が「ともに働く」とは？

　これからの学校は、質の高い教職員集団を形成するとともに多様なスタッフとチームを組みながら、家庭や地域と連携するという組織の姿が求められている。そのためには、まず教員集団が連携・協働できる活性化された組織になっていくことが前提となるはずである。私は教職大学院での学びを通して、教員の個性が活かされつつ、同じ目的に向かうような「ともに働く」関係性が生じるとき、学校組織は子供の成長のためを第一にしながら、地域や社会の持続のための役割を果たせるのではないかと考えている。これからの学校組織に求められるのは「ともに働く」関係性をいかに形成し、高いパフォーマンスを発揮していくかであろう。では、「ともに働く」はずの教員集団は活性化された組織に本当に向かっているのだろうか。活性化された組織に向かうには学校現場では何ができるのだろうか。

2.「ともに働く」関係性を阻むもの
（1）学校における効率性の重視

　90年代以降の学校組織の階層化や民間的組織マネジメント手法の導入などの学校組織改革により、学校は効率性を高め、機能的な組織をつくることにつながった。今日の学校は教員が働きやすい職場を目指して改善が図られている。このことは教員のゆとりや余裕を生み出し、教育に関する対話や議論に時間を割くことができ、活性化された組織につながる可能性がある。一方で、学校において効率性が重視される中では業務を円滑にこなすため、かつて油布（1999：54）が指摘した個々の実践や教育的価値が統制されたり、鈴木（2011：105）が指摘する意思決定を他者に依存していたりすることが加速している現状があるだろう。つまり、効率性を高めることだけが優先されると、個々の教員の異議や疑問を潜在化させ、時間と手間のかかる対話や議論を組織として避けてしまう可能性を秘めていると捉えることも可能であろう。学校における効率性の重視は意図せずして「ともに働く」関係性を阻害する一要因になり得るのではないだろうか。例えば、学校行事の精選の場面で、教員の負担軽減を優先したり、一方向的な意志決定をしたりすることは円滑な運営を行う上では現状に即した

組織行動といえる。一方で、多様な教員が集まってこそ可能な行事の「教育的な価値」を議論する場面を安易に削ぎ落してしまってはいないだろうか。

（2）教師間における対人リスクの回避

「協働」や「ともに働く」ことの有効性を内面化している教員は多いだろう。それにも関わらず、「学級王国」などと呼ばれるように、他者を寄せ付けないような振る舞いや「学年の壁」と言われるような自己完結的な組織体制が残るのはなぜだろうか。エドモンドソン（2021：155）が「結束している多くのグループでは、重要な問題についてどうやらみんなの意見が一致しているらしくそのために生まれている調和を乱したくないと人々は思う」と指摘するように、学校組織における教科部や学年団などの緊密なグループでは安心感を得たり、不協和を回避したりするために積極的に調和を優先する傾向がみられるだろう。また、公式な職位や年齢などの序列以外にも勤務校の在籍年数、分掌の主任などの「立場」が複雑に絡み合う学校組織では、自分の評価を下げないよう、あえて口を閉ざしているとも言えるのではないか。教員それぞれの「立場」に対する配慮や遠慮を常に意識し、関わることで、対立や葛藤を回避することを可能としているとも捉えられる。教員が対人リスクを積極的に回避することで同調や黙認が顕在化している現状では、「ともに働く」関係性を形成する契機を意図的に設定する必要があるだろう。

3．教員が「ともに働く」ために何ができるのか？

現状のような学校行事や授業時数の精選や勤務時間管理は教員にとって個人的な自由な時間やゆとりを確保できるという利点があるものの、教員同士の関係性には緊張関係が内包され、その度合いが高まっているともいえる。この緊張関係を解きほぐし、新たなエネルギーに変換していくためには教員たちが立場や既存の組織を越えて語り合う場面を残したり、新たに設定したりすることが求められるだろう。なぜなら、教員たちの語り合いにより、個人では解決できなかった課題についての示唆が生まれ、個人の時間確保を越える教員としての学びの場にもなり得るからである。語り合う場面は、学校組織が効率化だけを求めるのではなく、「教育の価値」や「学校の存在意義」を問い直す場にも成り得るだろう。

私自身はフィールドワークを通して教職大学院での学びを活かしながら対話

をしてきた。対話を通して、「何のための教育か」「教員がともに働くとは何か」を互いに問い直すきっかけになった。対話では、学校現場では、同調や黙認をする場面に出くわすことも多いが、互いに補い合いながら、強みを活かすことができる関係性を教員自身が望んでいることが語られた。さらに、教員たちは立場や既存の組織を越えて語り合うことに価値を見出し、その機会を望んでいることも語られた。

　効率性を重視し、対人リスクを回避しようとする現在の学校組織において「ともに働く」関係性を形成するには、教員間をつなぐ人材や役割が学校現場に必要になるのではないだろうか。学校組織には現場を俯瞰的に見ながら、教員のつぶやきを拾い、共に学ぼうとする「学校の産業カウンセラー」とでも言うべき人材や役割が求められているように感じている。大事にしたいことは、対話をしながら教員の個性を活かしながら、向かう目的を語り合うことではないだろうか。このような人材や役割を仲介役して、意図的に語り合う場面を位置付けることで、互いを理解し、対人リスクを軽減することも可能であると考える。語り合う場面を残したり、新たに設定したりすれば、学校組織が必ずしも活性化されるとは言えない。教員たち自身が語り合う場面を互いに尊重し合い、互いの強みを認識するための「関係性を形成する契機」として捉えることが重要になるのではないだろうか。機能的な学校を目指しながら、教員同士の関わりを捨て去ることなく、学校組織全体のパフォーマンスを向上させていくことが「教育を経営」することになると考えるのである。

（滝沢雅則／中学校教員）

第4節　当事者3　学校組織を見つめるまなざしの変化

1．大学院での実践──学校改善プランの概要

　2年間の大学院での研究。1年目は職場を離れ、大学に通いながら現任校の学校改善プランを計画し、2年目は現場に戻り、計画した改善プランを実践し、検証し論文にまとめた。「自分の言葉でのやりとりを通して、自校の子どもにとっての最適解・納得解を探究し合う組織」を目指し、「対話」と「組織開発」を軸にして、改善実践を進めた。具体的には、校内研究会のしくみに変更を加えることを中心にしながら、職場のコミュニケーションの変革を目指してきた。その結果、教職員の関係の質の高まりが見られ、その見方や考え方、行動につ

いて、小さいながらも「変化のきざし」が見えてきたところである。協働で行う省察を深めるためにも、率直な思いが出し合える関係性が醸成されているかどうかといった「どのような関係性を土台にして」という視点が大きな意味をもつ。そのためにまずはコミュニケーションの総量を増やすことや私を主語にして経験や思いを気楽に出し合える場を設定することが大切になってくることが確かめられた。私の大学院での学校改善プランを通した研究を簡単にまとめると以上のようになる。さて、本章では、この研究の中身ではなく、その研究を計画し、実践・検証する中で、私自身にどのような変化があったのかについて振り返ってみることにしたい。

2．研究を通しての課題意識の深まり、視野の広がり

　大学院への派遣は、市教委、そして管理職から勧められたことがきっかけとなった。1年目がスタートした際には、学校ですぐに取り組めるような校内研究や生徒指導に関わる様々な実践や手法を学ぶことが自身の目標としてあった。現任校は当時、子どもが落ち着かない、不登校傾向の児童の増加など、生徒指導における課題も大きく、同僚からも「中川先生が（大学院で得たことをいかして）、学校を変えてくれるから」という言葉をかけられたこともあった。そして、私もその発言に対して何の違和感も抱かなかった。学校の現状に対して、その解決に向けた「特効薬」を手に入れたいという思いが強かったのである。「効果がありそうな取組を見つけて、それを現任校に取り入れれば（真似すれば）学校はよくなるだろう」という漠然とした課題意識で研究を進めようとしていた自分がいた。ただ、そんな課題意識の甘さは、すぐに顕在化されていくことになった。

　改善プランを策定する中では、現任校の実態（課題）をつかむことに重点が置かれていた。「先生達は頑張っているのに上手く成果（子どもの姿の高まり）につながっていないのはなぜか？」という問いが立ち上がり、実習という形で現任校に戻り、観察や聞き取りという形で掘り下げて考えた。客観的な立場で、ゆとりをもって学校現場を見つめることができたことは非常に有意義であった。現任校で直接見聞きしたこと、そして指導教官とのやり取りを通して、自分の内にある考えを少しずつ形にすることができた。今思うとこのような研究の難しさ・苦しさを味わえた時間は、「問題をどのように解決するかよりも、そこにある問題に正しく気付くことが大切であること」を実感するという点で大き

な意味があった。課題設定と併せて、苦労したのが３年間の研究計画（見通し）である。長いスパンで何をゴールにし、そのためにまず何から始め、何を変えていこうとするのかについて考えることに非常に悩んだ。そんな時、指導教官から一冊の書籍を渡された。その中で中原・中村（2018）が「組織開発は漢方薬による体質改善のようなものであり、組織の高まりというのは急激なものではなく、関係性や風土、文化等がじわじわと変わっていき、そしてその成果を持続させていくことが大切である」と指摘していた。これまで目先の効果ばかりにこだわっていた自分が浮き彫りにされるとともに、「何をするのかではなく、どのような関係性や風土を築いていくのか」という視点をもつことができたことは、研究を進める上で大きなターニングポイントとなった。実際には目には見えない、意識されにくいことに目を向けたことで、自身の課題意識がはっきりとしていくとともに、これまでとは違った発展のイメージをもつことができた。

３．改善プランを「みんなのもの」にするために

　少しずつ変化を加えるという点において、実際に研究（改善プラン）を現場で実践していく際に工夫したことがある。１つ目は、今ある既存のしくみを生かすという点である。すでに学校の中に位置付いていた「『自分の言葉』でいきいきと伝え合う子ども」という校内研究主題に「と、教師」を付け加え、組織開発という言葉は出さずにそのエッセンスを校内研究に組み込む形で浸透させていくようにした。自前の言葉を生かし、今ある自分たちの強みをさらに伸ばしていくことで学校が良くなるというポジティブでワクワク感のある提案をすることを心がけた。２つ目は、一人で頑張るのではなく、自分の考えに共感してくれる仲間を少しずつ増やしていくという点である。例えば、主幹教諭には大学での研究を常に開き、情報を共有したことで、研究推進を支えてもらうことができた。中でも、学級経営案と校内研究のリフレクションシートを一体化することで、目指すところを焦点化し、全職員が足並みをそろえて取り組める環境を整備することができた。

４．見えにくい関係性の変化を捉えるまなざしを持ち続ける

　大学院での研究を通して、自分が何をするかということだけにとらわれるのではなく、一人一人が自分らしく力を発揮できる組織づくりへと視点を広げる

ことができた。実際に改善プランを推進する中で、職員同士の相互信頼が高まり、共通の目的に向かって話し合う機会やコミュニケーションの総量が増えたことで、「こんなことをやってみよう（やってみたい）」という職員の思いや行動が引き出されてきた。このことから、職員一人一人の中に「成長したい」「もっと人とかかわりたい」「組織に貢献したい」といった思い（萌芽）が存在しているのだと強く感じた。学校組織を発展させていく上で、その推進者や管理職が「職員一人一人、成長や貢献欲求を潜在的にもっている」という認識をもっているかどうかが大きな鍵を握っていると本実践を通して感じた。そのような認識がないとコミュニケーションの変革を通した組織や個々の変容も捉えることができないだろう。本プランの実践を振り返る中で、あのときのあの先生の発言や記述に非常に意味があったと後で気付くこともあり、まだまだ見逃しているよさや変容も多いと感じている。だからこそ、これからも目に見えにくい関係性に意識を向け、捉えた変容をフィードバックしていく努力を続けていきたい。

　研修派遣を終え、現在は教頭の職に就いているが、大学院での学びを糧に、組織や職員の成長に目を向け、それを喜べるわたしであり続けたいと思う。

（中川大介／小学校教頭）

注
1）　ここでは職位等に関わりなく学校教育に携わる者を幅広くスクールリーダーと集約して表現した。

参考文献

エドモンドソン、E. C.（2014）『チームが機能するとはどういうことか』野津智子訳、英治出版。

鈴木雅博（2011）「ミクロ・ポリティクス的視角による学校の組織・文化研究の再検討」『東京大学大学院教育学研究科紀要』50、295-304。

中原淳・中村和彦（2018）『組織開発の探究』ダイヤモンド社。

油布佐和子（1999）「教師集団の解体と再編―教師の「協働」―を考える」『シリーズ　子どもと教育の社会学5　教師の現在・教職の未来　あすの教師像を模索する』教育出版、52-70。

ロビンス、スティーブン・P.（2009）『組織行動のマネジメント』髙木晴夫訳、ダイヤモンド社。

第Ⅱ部

GRP（good report of practice：
実践の良い報告）の在り方
を考える

第 7 章

実践事例からもたらされる
情報・知見の特徴とその価値

　本章では、教育経営の実践事例からもたらされる情報や知見にはどのような特徴があり、そこにどんな価値が見出されうるかを検討することを通して、実践事例の「良い報告の仕方（GRP：good report of practice）」について考えてみたい。なお、本章における「実践事例」は、「日々の実践の連続から意図をもって区切られ、切り取られた事例」とし、教育関連学会で一般的に「学術研究（論文）」とは別に設定されている「実践研究（論文）」や、『日本教育経営学会紀要』の「教育経営の実践事例」とは区別をして論考をすすめる。

　現在、実践当事者（実践者本人や実践に直接関係する人）による教育経営実践の報告や論文化が活発に行われるようになっている。教職大学院において取り組まれている学修活動においても、大学院生自身が行った教育経営実践の記述や自身が関わったフィールドでの実践の報告や論文化が多く行われている。しかし、それらの教育経営実践を実践報告や実践記録として記述する際に求められる要件については、学術研究論文や実践研究論文として記述する際と比較すると不明確な現状にある。そして、それは記述する側だけでなく指導教員側にも「どのように指導を行えばよいか」という点でのあいまいさや不安をもたらしていることが、本書の執筆者らが開催してきたフォーラムや公開研究会での交流や議論の中で確認された。

　加えて、学術研究（論文）との関係で実践研究（論文）はどうあるべきか、どのように位置付けるかについては多くの議論が蓄積されてきたが、その論者の多くは研究者であり、教育経営学としての知の創出を目的とした記述に比べて、実践者が実践を共有し議論し学び合う営みの創出を目的とした実践事例の記述方法や読み方の開発についてはほとんど議論の蓄積がないように思われる。

　そこで本章では、教育経営実践の実践事例の「良い報告の仕方」を検討していく前段階の作業として、教育経営の実践事例からもたらされる情報や知見にはどのような特徴や価値があるかを考えていく。そこから、「良い報告の仕方」を考えていく際の方向性を見出すことを試みたい。

第1節　実践事例からもたらされる
　　　　　情報・知見にはどんな特徴があるか

　実践事例を記述する目的や価値は、実践を研究対象として分析し研究の文法
に基づき論文化する以外にも多様にある。それらをすべて網羅し詳細に論じる
ことはできないが、はじめに、実践事例から我々が得ることのできる情報には
どのような特徴があるかを考える。ここで、実践事例を記述する側が「何を伝
えようとしているか」ではなく、それを読む側が「得ることのできる情報」と
したのは、次のような理由による。

　実践事例を記述しようとする者は、「誰にどのように読まれるものであるか」
「何を目的として書くか」「どのような書き方が適切か」等を意識して文書化す
ることになる。そのように考えると、そもそも実践事例から我々が得ることの
できる情報にはどのような特徴があるかを洗い出す作業を最初に試みることは、
何をどのように書くことがその特徴に即した書き方であるかを検討するうえで
不可欠な作業であるといえるからである。

　そこで、本章では、「実践事例からもたらされる情報の特徴」の整理を筆者
自身の研究実践の経験から試みるとともに、読者には、それを1つの参考例と
して読みながら、自身の経験や知見も加えて考えてもらいたい。なお、実践事
例のタイプによってもたらされる情報の特徴は異なるため、実践事例からもた
らされる情報におおよそ共通する特徴と、ありえる特徴という視点で確認して
いきたい。具体的には、議論の取りかかりとして、教育経営実践の実践者本人
が実践事例を記述する場合について、以下の4点の特徴から検討してみたい。

【特徴1】実践者本人が行った事柄とその結果生じた事柄である

　実践事例からは、実践者（ら）本人が行った事柄とその結果生じた事柄が情
報としてもたらされる。実践事例は、実践者（ら）自身によって記述されてい
る。第三者である観察者による客観的な記述ではなく、本人・当事者だからこ
そ記述することのできる側面が描かれている特徴がある。その意味で、主観性
の高い情報がもたらされる特徴があると考えられる。

【特徴2】 実践者本人が実施した特定の条件下・期間に生起した事柄である

　実践事例は、特定の状況・条件下において取り組まれた事柄が記述される特徴がある。そこからは、当該実践が行われた個別具体的な状況や条件についての情報、実施された実践の特定の期間の状況下・条件下で生じた推移・変化が情報としてもたらされる。通常、実践は報告後も続いていることが一般的であると考えられ、実践事例としてもたらされる情報は、完結したまとまりをもったものであるとは限らない。その後や現在も進行している実践の特定の期間の事柄が記述されたものであるという特徴がある。

【特徴3】 実践者本人によって記述することが選択された事柄である

　実践事例の読者は実践そのものの全貌ではなく実践者本人がその中で取捨選択し記述した事柄を情報として得ることになる。倫理上の配慮や紙幅の都合、実践者本人の意図などに基づき、記述することが選択された事柄が情報としてもたらされている特徴がある。

【特徴4】 実践そのものの目的・意図が主要な意味をもつ

　学術研究論文においては、研究としての意義・独自性・発展性等が前面に置かれ、研究論文としての科学性を満たした記述と情報がもたらされるのに対し、実践事例は、実践そのものがなされた背景・目的・意図・生じた結果が情報として主要な位置付けを占め、そこに実践者が報告するに値する意義を見出した事柄が記述されているという特徴がある。

　なお、実践事例の記述は、実践者本人が記述する場合と、その実践を観察した他者が記述する場合がありうる。実践者以外が記述した場合、【特徴1】と【特徴2】の「実践者本人が行った事柄とその結果生じた事柄である」ことと「実践者本人が実施した特定の条件下・期間に生起した事柄である」ことは変わらないが、それらが実践者本人ではなく「実践を記述する者」の関心や意図に基づき選択され記述された事柄であるという点で、【特徴3】は「実践を記述する者が記述することを選択した事柄である」となるだろう。そして、【特徴4】の特徴は「実践を記述する者」の記述する目的によって決定することになるだろう。

　以上の実践事例からもたらされる情報の特徴4点については、実践研究の特

徴として指摘されている知見とも共通する部分がある。

　例えば、教育経営実践研究の特徴について論考している臼井智美（2020）は、「『実践』は見る者の立場や考え方、目的によって多様に見られ得るため、忠実さや精緻さを突き詰めても唯一の“真の”姿を描き出せるわけではない」と述べ、「研究者自身の研究関心と視点で枠づけられた範囲でしか情報は収集されない。つまり、研究目的が何かによって、収集される情報は異なる」と述べている。そして、それにもかかわらず、「情報を収集しても“実態”の一部分しか描けないことが限界や問題点と見なされがちである」とし、その場合には、「なぜ“実態”をそのように描くのかという『研究目的』が議論されるべきであるのに、そうではなく、より多面的に描くことが“実態”に迫る望ましい方法だという『研究方法』への問いや、描かれなかった部分に光を当てる必要があるのではないかという『研究対象』への問いに置き換えられたりしがちである」と、実践研究に対して向けられる批判が帯びがちな問題の特質を指摘している。そのうえで、「教育経営実践の『リアリティ』として描かれるものは、研究者の研究関心や教職員の日頃の関心によって切り取られた一部分であることを免れない」とし、だからこそ、「リアリティ」を問うのであれば、「まずはその実態がそのように描かれたときの研究関心（つまりは研究目的）と、実践者と研究者の関係性を問う必要がある」と指摘する。

　この指摘は、実践事例の記述においても同様に当てはまるのではないかと考える。特に【特徴3】と【特徴4】で確認したように、実践事例の場合は、研究関心以上に実践者の関心に基づいて記述・報告がなされるといえ、そのような特徴を有するとすれば、それらの実践者の関心や実践目的、記述目的等が詳細に記述されていることが「良い報告の仕方」の条件となるといえるだろう。

　また、実践事例を記述・報告する際の順序は、事前に研究論文としてまとめたり査読論文として投稿することを想定し、仮説を構築したり綿密な研究計画を策定したりしたうえで、厳密な科学的な手続きを行い一定の科学性が確保される形でデータを収集するといった研究の順序とは異なる場合がある。

　一例として、筆者が2014年から10年間取り組んできた校内研修における教師の集団での学習成立支援のアクション・リサーチを、1つの研究実践事例としてその展開の順序を整理してみたい。

　2014年当時の最初の関心は、自律的学校経営や教師の成長にとっての「校内研修の充実」の一側面として、「校内研修に主体的に参加できている」という

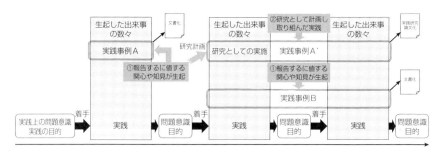

図7-1　実践を実践事例として記述する際の流れの例

教員の感覚はどのような要件によって成立するのかを見出すことであり、「教師の集団での学習成立」ではなかった。筆者は、校内研修の改革に協働で取り組む実践の中で、従来の校内研修とは異なるスタイルへの変化が教師たちにもたらす効果実感や研修イメージの変容の内実こそが、注目する価値のある事柄なのではないかとの感覚を強くしていった。また、校内研修内の対話が充実することで、教師の研修の捉え方に「与えられるもの」から「自分たちのもの」へと変化する兆しが確認された。その結果、どのような対話の実現が教師の集団での学習の成立につながるのかという点と、そこで大学教員が果たすことのできる役割という点の両面を追究する調査研究をデザインするに至った（髙谷・藤 2024）。つまり、「教師の集団での学習プロセスのモデル化」を試みるという関心は、研究実践のプロセスの中で明確化されてきた。

そのプロセスを図7-1のようにモデルで例示してみると、実践上の問題意識や実践の目的に基づき実践が開始された後に、その過程で生起した出来事の数々から報告するに値する関心や知見が見出され、それを文書化するという順序で表現できる（図7-1の①の実践事例AやB）。実践の開始前に綿密に計画・想定されているというよりは、実践の過程や事後に、そこで生起した出来事の数々の中から、特定の関心から見た場合に事例として記述・文章化する価値のある事柄が見えてくるといったことも少なくない。また、そのような実践事例が契機となって研究としての計画を立て、研究として実践に取り組み実践研究としてのデータ収集を行い論文化へと至るといったプロセスもありえるだろう（図7-1の②の実践事例A'のようなケース）。

第2節　実践事例からもたらされる
　　　　情報・知見にはどんな価値があるか

　実践事例からもたらされる情報がもつ上記4点の特徴と実践の過程において文書化する価値が見出されるケースも少なくないといった特徴からは、もたらされる情報や知見の当事者性や独自性の高さ、特定の文脈・状況下で生起した一回限りの事例としての一回性の特徴、実践者の論理に基づいた主観性の高さ、あらかじめ計画されたデータ収集とは限らず偶発的・事後的に意味・価値が見出され遡ってデータとして扱われるといった偶発性や即興性が確認される。すなわち、それらの特徴にどのような価値が見出されるかが、実践事例の価値を左右すると考えられる。そこで、次にその点について考えてみたい。

　第一に、実践事例からもたらされる情報や知見は特定の文脈・状況下で生起した一回性の特徴をもち、再現性のある一般解ではない点にこそ意味がある。そこには、再現性が求められる研究論文では扱うことのできない知見を共有できる方法としての価値が見出される。

　例えば、だれも行っていないような新たな学校経営に挑戦した実践や、特定の（特殊な）条件下で取り組まれた実践、その実践者だからこそなし得た実践、偶発的に観察の観点や意味が見出された実践などは、再現可能性を検証・実証すること自体が困難であり、再現性をもって普遍的な理論やモデルを構築するという点に価値を置く方向性での議論は適切ではないだろう。教育経営実践研究の特徴について論じた臼井智美（2020）においても、その特徴の1つとして「再現性が必ずしも高くない点」が指摘されており、その理由は「ある研究が『その形』にまとめられたということは、『その形』になるような学校（実践）と研究者との関係性があったからであり、たとえ研究方法が洗練されても、同じ方法を採れば他の人がやっても同じような関わり（関係性）が学校との間に作れるわけではないからである」と説明されている。そのため、「参与観察などの事例分析により知見を導き出した研究の成果に対して過剰に一般化を求めることは、研究成果の価値を損ないかねない」と指摘している。

　一方で、畑中大路（2021）は、「文脈依存性が強い教育経営を研究対象とした際、そこで生み出された何らかの知を別の場で『そっくりそのまま』再現することは不可能であろう。しかし、だからといって、教育経営を対象とした研究

を続ける私たち研究者が再現可能性、すなわち理論化という『価値』を放棄することは許されないのではないだろうか。その『価値』を放棄したとき、それはただの『実践（記録）』となり、やはり教育経営学を『実践の学』と呼ぶことはできない」と問題提起している。

　これらをあわせて考えると、教育経営実践の記述には、理論化を目指した方向性での記述と、記録としての記述の、少なくとも２つの方向性がありうるだろう。実践事例を教育経営の理論構築の営みに位置付ける方向性と、第３節にて詳述する実践者自らの実践論理の構築と内省を通じたその再構築・修正に寄与するものとして位置付ける方向性と、それぞれに価値が見出されるからである。

　第二に、教育経営の実践事例の読者は、それを読むことを通して、その実践がなされた状況・条件に基づいてそこで生起した出来事の意味を読み解くとともに、自身の問題関心や研究／実践上の課題と統合することによって当該実践事例の価値を自ら創出している。具体的には、再現性のない特殊な事例・現象であったとしても、その詳細が具体的な情報として得られることで、その事実が共有されること自体を貴重な機会とみなしたり、新たな研究や実践開発の着想が得られる契機としたり、これまでの理論や認識枠組みを問い直したり、特定の条件下での原因と結果の関係を知見として得ることで自身のフィールドにおいても同じように進行中の出来事とそれらを統合し、自身の実践の見通しを持つ機会としたりするといった形で、である。

　つまり、実践事例には、読み手の読み方に基づくいくつかの価値が存在することになる。現実に生じた事実の情報共有から、新たな研究関心や実践開発の着想機会、既存の理論や認識枠組みの問い直しの契機、ケースメソッド等の学習材としての活用など、教育経営の理論化や学術研究としての一般化とは異なる形や道筋で教育経営実践の開発や発展に寄与するといった広がりがありうる。

　以上をまとめると、教育経営実践の実践事例の記述には、１つには、教育経営学を「実践の学」として追究していくために研究の言語・文法に基づいた記述によって知見を共有し議論を深めていく方向性がある。そしてもう１つには、教育経営の実践者が自身の実践の詳細と主観的な内面を記述することとそれを読者が読むことを通して、両者が当該実践を深く理解したり、自身の実践を省察したり、自身の実践開発に応用していったりする機会を創出していく方向性がありうる。すなわち、少なくとも両者の記述と議論の方法論を検討し確立し

ていくことが必要だといえる。

　その際に、筆者自身の研究実践経験からは、少なくとも後者の記述において
は、自身の内面の感情や思考の詳細な説明記述が必要であると考える。そこで、
前者の記述を「実践研究」と表現し、後者の記述を「実践記録」と表現してお
き、後者の記述になぜ実践者本人の感情や思考といった内面の詳細な記述が必
要であるとの結論が導き出されるのかについて、その記述を読む側が得る情報
の特徴と価値から考えてみたい。

第3節　教育経営実践の実践記録の記述に求められることは何か

　研究論文では論文として求められる厳密な科学的手続きと規定の様式・条件
に基づき報告されることをもって知見の科学性が確保されているのに対して、
実践事例は読む側がどのように読むかによってそこで報告されている知見の意
義や価値が生み出される／左右される側面がある。その場合、記述されている
情報・知見の客観性や科学性以上に、記述した側と読む側の両者が当該実践を
深く理解したり、省察したり、実践開発に応用したりしていく機会の創出が実
現する条件が検討される必要がある。

　そこで、実践者の視点からは、実践研究に取り組みそれを記述することの意
味がどのように認識されているのかを確認しておく。

　例えば、教育実践の研究に取り組む実践者としての教師による研究について、
石森広美（2016）は、「現場の教師は、自分の実践を良くしたい、良い授業を行
いたいという基本的な欲求を抱いている。そのためには、何らかの研究や勉強
が必要だという認識は共有している」と述べ、目先の業務に追われ研究は後回
しになることが多い現実があることを指摘したうえで、「自己の教育実践を客
観的に振り返り、改善につなげるためにも、実践者による研究は必要である」
と述べている。そして、実践者が研究を行う理由は、「各々の背景やニーズに
よって異なる」ことを断ったうえで、一般的には、主に次のような意図がある
と考えられると述べ、以下の**表7-1**に示した5点を指摘している。

　石森は、「実践者自身が研究を行うことは容易なことではない」と指摘して
おり、「近年実践研究が再注目されつつあるが、自らの実践を研究対象とした
論文は学会誌公表までには至りにくいのが現実である」と述べ、「質的・量的
方法による研究・考察等、研究の作法を踏まえることが前提となり、実践に学

68 　第Ⅱ部　GRP（good report of practice：実践の良い報告）の在り方を考える

表7-1　実践者が研究を行う理由

①	実践の記録として。 報告、記録、実践研究の成果を残し、伝えるため。	資料的価値
②	実践の検証、より良い実践を生み出すための振り返り、また改善への指針を得るため。	授業改善・教育改善
③	実践に説得性を持たせる。 その実践の内容や価値、方法を広げるため。	説得力・波及効果
④	管理職や同僚に理解を促す材料として用いる。 自らの実践に確信を得るため。	理解の促進・根拠の明示
⑤	自分自身の研究的視点や研究能力・スキルを維持するため。	実践研究者としての能力の維持と向上

出典：石森広美（2016：69-71）に述べられている内容を筆者が表に整理。

術上の価値を創出する営みは、研究遂行能力に加え、膨大な時間とエネルギーを要する」と述べている。そのため、訓練を積んでいない実践者には精緻な論文を完成させることは「相当ハードルが高いと言えるだろう」と指摘している。そのうえで、「実践者が自らの実践を言語化したり、教育現場に生起する感動を凝縮して思想化したりすることには価値があり、それによって当該実践が社会的な意味を得ていく」とも述べている。

　以上の石森の整理・指摘に基づけば、教育経営の実践者が実践を記述する意味においても、資料的価値や実践の改善、実践の波及や理解の促進、実践者の能力の維持向上など、多様な目的や意図とそこでの価値が存在すると想定できる。そして、ケース教材の開発にその目的に即した記述方法があるように、その目的や意図によって実践事例の扱い方と価値づけ方が異なり、それぞれに応じた記述方法の開発が必要だと結論付けることが妥当であると考えられる。資料的価値であれば資料としての価値、実践の理解であれば理解の深まりといった、その目的に応じた価値が生み出されるに足る量と質で実践事例の記述がなされるためには、どのような記述方法が適切であるかが検討される必要がある。

　つまり、どのような記述方法が正しいか、価値が高いかといった議論が重要なのではない。目的に応じた記述方法で実践事例が記述され、それらがそれぞれの目的に即して読まれ、共有され、議論される。その営みが、新たな研究関心や実践開発の着想機会となったり、既存の理論や認識枠組みの問い直しの契機となったり、具体的な教育経営実践の手法を考えたり創出したりする訓練となったりする。そのような、教育経営実践に携わる者の実践の発展や充実へと

結実していく記述方法や読み方の追究・開発こそが求められるといえるだろう。

　また、実践当事者が記述する場合の「当事者自身にとっての価値」、実践当事者以外が記述する場合の「記述者にとっての価値」、記述されたものを「読む者（読者）にとっての価値」と、それぞれの視点からのさらなる論考を行えば、実践当事者と記述者にとっては自身の実践や研究を省察する側面があること、記述者や読者にとっては、実践当事者の世界を深く理解しそれに学ぶ側面があることが確認される。そこからは、記述された実践事例をもとに何をどのように理解し学び議論していくかという、「記述された実践事例を通した記述した側と読む側の対話」がいかに豊かに生起するかが教育経営実践の発展においては重要であることが見出される。そして、研究の言語・文法とは異なる方法だからこそ記述し共有できることは何か、それらを記述する際に求められる要件とは何かについて、整理・検討・明確化される必要があることがみえてくる。

　そうだとすれば、実践事例の共有・対話・理解・学習等を目的とした実践記録の記述においては、実践を深く理解できるよう、実践として行われたことと結果の詳細な事実情報に加え、実践に着手する前や実践中にどのような思考や感情を経て実践が具体化されたのかといった実践当事者の内面や主観的な情報が豊富に必要となるだろう。具体的には、実践当事者がその実践を行うに至った問題意識や背景にある思い、実践の基盤とした論理や仮説、それらをもたらした哲学や信念、参照した情報や専門的知識、実践の中で受けた影響や味わった感情、行った判断や意思決定の詳細などが含まれる。なぜなら、そこにこそ読む側が実践者に自分を重ねて実践を読み解いたり、実践者のカンやコツに該当するものがどのように発揮されたのかを分析したりすることを可能にする情報が含まれているからである。また、実践者が実際に行った思考の具体的な内容や過程が共有されることで、実践そのものと実践者の内面世界をより深く理解し議論し学ぶことが可能となり、実践を記述した側と読む側がともに自身の教育経営実践を省察し対話する契機が創出されると想定できるからである。

第4節　教育経営実践の記述方法と読み方の開発へ

　以上、教育経営実践の実践事例の記述には、読み手の読み方に基づくいくつかの価値が存在し、それによって「よい報告の仕方」が検討される方向性もい

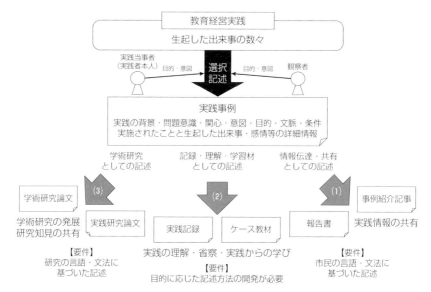

図7-2　教育経営実践を記述する目的と形式の例

くつかありえるとの結論を得た。それらを整理したものが図7-2であり、本章では特に、教育経営学を「実践の学」として追究していくために研究の言語・文法に基づいた記述によって知見を共有し議論を深めていく方向性と、教育経営の実践者が実践を深く理解したり、省察したり、実践開発に応用したりしていく機会を創出するために実践記録を記述し共有していく方向性がありうることを提案した。それぞれの方向性は図中の矢印(3)と(2)に該当する。

仮に、筆者が取り組んできた研究実践を、研究者としての教育経営実践だとすれば、同様の役割を担う研究者とそれを共有し互いの実践を発展させていくための方法の1つとして、実践記録を記述しそれを共有するという方法がありえることになる。その際の記述方法は、研究者であっても研究の言語・文法による学術研究論文や実践研究論文を記述する場合とは異なってくるだろう。[1]

実践当事者が実践記録を記述する際と同様に、研究者が教育の現場に入り進めている研究実践を記述する場合においても、研究そのものの具体的な事実に加え、その中で何に悩んだのか、何をどのように思考したり判断したりして実践を具体化していったのか、そしてその基盤にどのような哲学や信念があったのか、自身の専門分野の知識や技術をどのように活かしていったのかといった、

研究者本人の内面で生じている思考や葛藤まで実践記録に記述し共有することが、研究という実践について他者と対話し自身の省察や学びを深める際には有益な情報となると思われる。

研究者が自身の研究実践を実践記録として記述・共有し教育経営研究の実践の改善・発展の議論を行うとしたら、それはどのような営みとしてデザインすることが可能だろうか。それを実際に研究者自身が試行してみることは、実践事例の「よい報告の仕方」と読み方を検討・開発していくうえで、研究者も当事者としての経験を積み、実践事例を蓄積できるという点で価値があるだろう。

注
1) 渥美公秀（2007）は、「研究者の間で通じる言語と研究者以外の人々に通じる言語の両方を使いこなせるバイリンガル」という意味で、「実践的研究をおこなう場合、研究者は、バイリンガルになるように努めたい」と述べている。そして、研究者の使用する言語を「研究者言語」、市民の間で通じる言語を「市民言語」と表現し、両者は通常かなり異なっていることを説明している。図7-2の整理では、その説明を参考に、矢印(1)の方向性で記述する場合の【要件】を「市民の言語・文法に基づいた記述」と表現した。

参考文献
渥美公秀（2007）「研究をまとめる」小泉潤二・志水宏吉編『実践的研究のすすめ——人間科学のリアリティ——』有斐閣、71-84。

石森広美（2016）「問題提起——実践者の視点で行う研究——」日本学校教育学会編『これからの学校教育を担う教師を目指す——思考力・実践力アップのための基本的な考え方とキーワード——』学事出版、68-75。

臼井智美（2020）「教育経営実践の中での学校（実践）と研究者の関係性の再考」『日本教育経営学会紀要』62、117-124。

髙谷哲也・藤朱里（2024）「校内研究の充実過程において大学教員が果たすことのできる役割に関する一考察——教師教育を専門とする大学教員の小学校を対象とした校内研究支援の事例から——」『鹿児島大学教育学部研究紀要（教育科学編）』75、23-40。

畑中大路（2021）「教育経営学における価値不可分性の視点から」『日本教育経営学会紀要』63、146-152。

[付記] 本章の内容には、JSPS 科研費 JP22K02606 の助成を受け実施した研究成果の一部を含んでいる。

（髙谷哲也）

第 **8** 章

実践事例と事例研究から
教育経営実践の記述を考える

第1節　実践にとって身近な「事例」と「事例研究」

1．事例にあふれた実践の世界

　私たちは、実際にあった事実や出来事に頼りながら生活している。そもそも、過去に行われた取組や起きた出来事から学び、より良いモノを作ったり、より良いコトを成し遂げたりするのは、人間にとって本質的な営みである。特に、何らかの目的を達成することを目指して実践に関わる人々は、他の人々の実践を参考にしたり、自らの実践を誰かに伝えたり、他者や自分の実践から意味ある知見を導き出したりするために、しばしば「事例」という言葉を用いる。より良い実践を目指そうとする世界は、事例にあふれているといってもよいだろう。

　その意味で、教育に関わるあらゆる活動も事例に支えられている。実際に行われた授業を参考に、自分の授業を計画・実施・評価することは教師が日常的に行うことでもある。学級経営における児童生徒の態度や行動についての情報を持ち寄って、学年全体の生徒指導方針を考えることや、他の学校が取り組んでいる特色ある実践を参考に、学校づくりを進めていくこともよくあるだろう。国や地方教育行政が進める教育改革のような大規模な取組であっても、「先進事例」や「事例校」「実践推進校」を取り上げて、新たな取組を全国に広めていく手法が定型化している。

　ただし、自分や他者の実践を誰かに伝えるためには、実践における出来事や事実を、場所や時間をこえて共有するために「実践事例」として記述することが必要である。また、そうして記述された実践事例が、必ずしもすべての人々にとって同じような意味をもつわけではない。だからこそ、好事例や先進事例という言葉が存在するし、特定の事例が厳密な学術研究の対象として取り上げられたり、取り上げられなかったりする。それでは様々な事例が存在する中で

「教育経営実践事例」とは、何が、どのように記述されたものを指しており、それらを記述することにどのような意味があるのだろうか。本章ではこのことを考えるために、まず「事例」という言葉に注目する。そして、「事例」を研究することについて厳密な議論をしてきた社会科学の研究方法論の知見を参考にしながら、とりわけ実践に関わる当事者が「実践事例」を記述すること、ひいては「教育経営実践事例」を記述することの意味を探ってみたい。

2．「事例研究」という言葉がもつ親近感と曖昧さ

「事例」という用語は、過去に実際にあった出来事や事実を表す一般的な言葉である。そのため学術的な研究対象だけでなく、日常で起こる様々な事象・現象が事例という言葉で表現される。「事例研究」という用語も、理論研究や実証研究のように、精緻な研究方法論や手続きを踏む「研究」とは異なるものとして扱われることも多い。例えば「量的研究」と「質的研究」という研究方法の違いが、「数値による測定でリアルな世界を捉えることができるのか？」「インタビューで得られた語りは一般化できるのか？」などの論争を巻き起こすことに比べれば、「事例研究」それ自体について議論が白熱することは比較的少ない。また事例研究は、歴史研究や人類学的研究の中で自明的に扱われることもあるし、経営研究、社会学研究、心理学研究などの各学問分野で頻繁に用いられる。必ずしも科学的な性質がなくても、仕事の中で「事例研究」や「ケーススタディ」と称される営みが行われていることも多い。

そのため「○○の事例研究」というだけでは、実際、その事例に注視して「何かを行うこと」以上の意味は分かり難い。「事例研究自体は、特定の方法論や研究方法を指すわけではなく、何が研究されるべきかという対象の選択をあらわす」（ステーク 2006：101）といわれるように、特定の手順に沿った方法論として意識されることはなく、多くの人に開かれた活動として広まっているのが現実である。ある事例について研究していたとしても、わざわざ「事例研究」と呼称しない場合もあり、逆に、ある人にとっての出来事の報告が、その他の誰かにとって事例研究と解釈されることもあり得る。

「事例」と「事例研究」は、このように多くの人々に身近である分、かえって一体何を表しているのかが理解し難く、曖昧なものになってしまってはいないだろうか。本章において、厳密な手続きを検討してきた研究方法論に目を向けるねらいは、これらを改めて問い直すことにある。

3．事例とは何か──実践の囲い込み（fence in）と切り取り（trim）

　学術的な研究方法論として「事例研究」（ケース・スタディ）を検討するにあたり、まず「事例」（ケース）とは何を表しているかを確認しておきたい。メリアム（2004）は「ケース・スタディ調査の定義的特性を最もはっきりと示すものは、研究対象の範囲を限定するもの、すなわちケース（事例）であると結論づける…（中略）…ケースを、境界で囲まれたひとつの物・ひとつの実体・単位（ユニット）だとみなす」（メリアム 2004：39）と述べた上で、研究しようとする事柄や出来事、事実を「囲い込む」（fence in）という行為によって、「事例」が成り立つことを強調している。そのため事例は、その人の研究関心や問題、仮説の一例として選択する意図があって、はじめて成立するとみなされる（メリアム 2004：40）。

　このような事実の囲い込みは、研究者が研究のためだけに行うものではない。学校現場を想定すれば、実践に直接関わっている人やサポートしている人が、児童生徒や教員、管理職といった「人物」、教室で実施されている「プログラム」や「カリキュラム」、クラスや学校、地域社会といった「集団・組織」を単位として、実践の中で生じる出来事や事実を「事例」として囲い込むことがあるだろう。さらに、その事例を別の場面に当てはめて、新たな実践を試みることもある。

　このような捉え方に立つと、やはり「事例」は、この世界に無数に存在することになるが、一貫しているのは、起こっている事柄やすでに起こった出来事を、人々が意識的に囲い込んだり（fence in）、切り取ったり（trim）することで「事例」が成立する点にある。このような捉え方をするならば「実践事例」は、意図や目的をもった実践に関わる人々が、その実践を通じて現実に起こった出来事や事実を主体的に切り取った事象を指すといえる。

第2節　事例研究の方法論からみた実践事例の意味

1．事例研究法（Case Study Research）における事例の「選択」

　実践を含む現実の出来事や事実は様々な観点や関心に基づいて囲い込み、切り取ることができるので、様々な事象が「事例」として記述される。ただし「研究」に重きをおく事例研究の方法論では、しばしば「なぜ、その事例なのか？」が、研究の意義や価値を左右する問いとして重視される。ある事例に照

準する時、その背後には類似したり、対比されたりする他の事例が存在することがほとんどだろう。

　事例研究の方法論を探究したジョージ・ベネット（2013）によると「事例」とは、事象群（class of events）の1つとして定義され、事象群内の類似や相違の原因に関する理論をつくり出す目的のもと、研究者が「科学的関心」を持って分析の対象に選んだ現象を意味する。同様に野村（2017）も、事例研究はある特定の出来事や主体を丸ごと分析するのではなく、学術的な観点、特に理論への貢献という点から有意義な側面（分析単位）を取り上げて、研究するものであることを強調している。そして、このような理論的貢献を目指す「事例研究」に対して、必ずしもそうではないものを「事例報告」と呼んで区別することを提案している（野村 2017）。

　また、1980年代から事例研究の方法論を考究し、社会科学系研究方法の書籍として、現在も世界的に引用されている『事例研究の方法』（*Case Study Research*）を著したイン（Yin 2018）は、「ケーススタディ研究」（Case Study Research）と「ケーススタディ」（Case Study）、そして「ケース」（Case）という言葉を意識的に区別して、以下のように述べている。

　　ケーススタディはケーススタディ研究の領域外にも存在する…（中略）…ケーススタディ（Case Studies）を行う人々は、必ずしも自分たちが正式な研究方法を実践しているとは思っていない。むしろ、新聞、雑誌、ブログ、ビデオなど、あらゆるメディアで、日常的に「ケーススタディ」という言葉が使われている。「ケーススタディを書こう」「ケースを探そう」という動機で、誰もがそれに参加することができる。その結果、非常に有益なケーススタディが、続々と発表されるようになった。しかし、このケーススタディは、必ずしも明確な研究手順を踏んでいるわけではない。むしろ、非研究的なケーススタディといえるかもしれない。これと同様に、ケーススタディは、専門家のトレーニングや実習の補助教材として頻繁に登場する。これらは、一般に「ティーチングケース」と呼ばれ、初期のものは、ビジネス、法律、そして後には医学などの職業に役立った。現在、この種のケーススタディは、ますます頻繁に、そしてより多様に登場しているようである。（Yin 2018：21）

　インの意図は、頻繁に登場する事例研究（Case Study）と、研究方法論としての事例研究法（Case Study Research）を厳密に区別することで、後者における事例の扱い方と研究の進め方を体系化することにある。そして、この事例研

究法において、繰り返し強調されたのが「事例の選択」という手続きである。研究方法論として事例研究法を解説する文献では、上述したように「なぜその事例なのか？」「どのように事例を選択するのか？」への回答と、それらを正当化する方法・論理に多くの紙幅が割かれる。例えば野村（2017）は、「事例研究を行う際には、当然ながらまず事例を選ぶ必要があるが、その選び方によって、事例研究の学問的価値が大きく左右される。つまり、得られた知見の価値を明確にし、一般化していくためには、事例の選び方に配慮することが不可欠である」（野村 2017：47）と強調している。ここでいう事例の選択は、「実践をどのように切り取るか」という意味合いよりも、「切り取るに値する実践か否か」あるいは「切り取られた多くの実践の中から選ぶ」という意味合いが強い。

　そのため事例の選択指針には、いくつかの分類が示されてきた。例えばイン（1994=1996：54-55）は初期に出版した『事例研究の方法』で「決定的かどうか（critical）」「極端／珍しいかどうか（extreme or unique）」「新事実にあたるかどうか（revelatory）」の３つを示した。そして最新の第６版（Yin 2018：97-99）では「決定的かどうか（critical）」「極端／珍しいかどうか（extreme or unusual）」「一般的かどうか（common）」「新事実にあたるかどうか（revelatory）」「縦断的かどうか（longitudinal）」という指針を示している。野村（2017：48-54）もまた、「極端／珍しい／決定的」「典型的／一般的」「後続的／新事実考察型」という類型を事例選択の指針として示している。

２．事例研究法（Case Study Research）の価値を導く「比較」

　ここではさしあたり、「特異」「極端」「典型的」「決定的」「縦断的・後続的」という、５つの事例選択基準を具体例と共に示してみたい。

（１）特異な事例

　１つ目は「特異な事例」である。これはいわば複数の事例やデータ全体の傾向から大きく離れた「外れ値」にあたるような事例であり、その事例にだけ見られる何らかの特殊さを持っているが故に選択されるものである。例えば、市教育委員会と民間学習塾が提携し、公立小学校に学習塾の教育手法（ノウハウ）を取り入れる新しい学校の創設を推進した事例（朝倉 2018）などをあげることができる。

（2）極端な事例

　2つ目は「極端な事例」であり、同様の特性や傾向を持つ事例が他にもありながら、その特性や傾向が著しく強かったり、特筆すべき成果をあげていたりすると思われるような事例である。ある「ものさし」で測った時に極端な位置にあるという点で「好事例」や「グッド・プラクティス」とみなされる事例などがこれにあたる。「先進事例」や「事例校」として取り上げられる取組や学校はこのような事例であることが多い。[1]

（3）典型的な事例

　3つ目は「典型的な事例」であり「極端な事例」とは真逆の性質をもつ事例といえる。すなわち、特定の観点から複数の事例を見た時あるいは「ものさし」で測った際、代表値に最も近いような事例である。一見すると突出した特徴がないように思われるが、そうであるが故に事例群の特徴がよくあらわれる点で選ぶ意味や価値を有する事例である。

（4）決定的な事例

　4つ目は「決定的な事例」であり、ある理論を適用したり、テストしたり際に重宝される事例である。このような事例は、理論を確証したり、新たな課題や疑問を検討したり、再検討したりするのに適した条件を満たしているが故に選択される。例えば、先行研究における理論的な指摘を踏まえた上で「地域発展につながる学校再編実現の組織化プロセス」を考察した佐々木浩彦・武井敦史（2020）の実践事例は、このような性質を有する事例と解釈できる。

（5）縦断的・後続的な事例

　5つ目は「縦断的・後続的な事例」として、先行研究との比較に基づいて選択されるような事例である。具体的には、すでに研究されてきた事実や出来事を再度、事例として取り上げ、過去に取り上げられた事実や出来事の前・後に着目したり、先行研究と類似する事例を選択して知見を比較したりために選ばれる事例などがこれにあたる。

　このように事例選択基準や選択のパターンは複数存在するが、一貫して「比較」が行われていることに気づくだろう。ステーク（2006）が「私たちが単一事例からどのように学ぶかということは、その事例が、他の事例とどの点で同

じでどの点で異なるのかいうことと関連している」(ステーク 2006：109) と述べ
ている通り、事例を選ぶということは、本質的に比較という行為を伴っている。
なお、ここでいう比較の対象には、他の事例（群）はもちろん、先行研究や既
存の理論も含まれる。事例研究法における学問的な価値が、事例の選び方に
よって左右されることに鑑みると、事例研究法の意義や価値はこのような「比
較」によって導かれているといえるだろう。

　だからこそ、学問的価値に重点を置く事例研究法では、事例を「どのように
切り取るか」だけでなく、あるいはそれ以上に、選択しようとする事例と別の
事例や明らかにされてきた知見とを比較し、「なぜ、その事例なのか」に答え
ることが重視される。もし、その問いに答えられなければ、事例研究法を用い
る以前の問題意識や研究課題の設定にまで、遡って検討する必要が生じる。
ヴァン・エベラ (2009) が「もっとも適切な選択基準は目的により異なるので、
研究者は事例を選択するまえに自分の目的を明確にすべきである。（中略）何を
知りたいのかがわからないうちは、事例選択の決定は時期尚早である」(ヴァ
ン・エベラ 2009：80) と述べるように、事例の比較と選択は、研究目的によって
規定される。

3．「事例研究」(Case Study) と当事者による「実践事例」の記述

　上述してきた事例研究法 (Case Study Research) では、厳密な方法論と学術
的に許容される透明性をもった手順が重視される、という意味で「学問的価
値」に重きが置かれている。具体的な進め方として重視される事例の選択と比
較も、あくまで「研究のための事例」として意味があるか否かが問われており、
中立的・客観的な視点に立つことが前提となっている。

　このことを踏まえた上で改めて、「事例」や「事例研究」が、必ずしも研究
のためだけに用いられる概念ではないことに注目したい。学問的価値を重視す
る場合ではなくても、実践を記述して事例として切り取ること自体が、誰かに
意味や価値をもたらすことは多い。事例研究の方法論を追究してきたイン自身
も、事例研究 (Case Study) は研究以外にも、我々にとって重要な役割を果た
していることを指摘している。例えば、教育や専門家育成の機能を果たす「教
育実践事例研究」("teaching practice" case studies)、一般の文献やメディアに
登場する「一般的な事例研究」("popular" case studies)、様々な文書に不可欠
な記録として登場する「事例記録」("case records") などは、必ずしも研究関

心・問題・仮説・科学的関心によって選択されるものではないし、手続きを明示して、記述される事例研究法（Case Study Research）には当たらないが、その重要性が否定されることはない（Yin 2018：56）。

そもそも事例研究法（Case Study Research）は、専門家教育のための「ケースメソッド」やソーシャルワーカーの「ケースヒストリー」、「ケースワーク」などのように、学術研究以外の事例研究的なアプローチ（Case Study Approaches）から生まれたか、もしくは強い影響を受けている（Gomm ほか 2000：1）。事例研究法における「選択」と「比較」も、研究として取り上げられないものも含む多くの事例研究（Case Study）があるからこそ可能なのである。したがって「事例」や「事例研究」は、もともと「事例研究法」が検討される以前から、当事者による実践の中に存在していた考えるべきだろう。

それにもかかわらず「一般的に事例研究法は、事例の実践的な扱いからますます遠ざかっており、これは常に正しいとは言えない」（Gomm ほか 2000：1）という状況が生じている。実際、日本教育経営学会の第Ⅲ期実践推進委員会では、スクールリーダー教育のためのケースメソッドの構築（≒ティーチングケース）が重要視され、スクールリーダーの準備教育としてそれが有効な手段と考えられたものの、それに見合うケース事例の蓄積がなされていないことが指摘された（日本教育経営学会実践推進委員会 2014：3）。事例研究法に基づき、多くの研究論文が積み重ねられ、「事例の研究的な扱い」が進展した反面、「事例の実践的な扱い」が古くて新しい課題になっていることがうかがえる。

このような状況に対して、2008年以降に創設されてきた教職大学院のマネジメント系コースでは、現職教員が自らの実践や取組、あるいは勤務する学校組織を「事例」として、そこで生じている課題の改善を目指す科目がカリキュラムに組み込まれている。また、教職大学院創設以前から行われている、現職教員による大学や教育センターへの内地留学・長期研修においても、自らの実践や取組を対象にした「実践報告」などが作成されてきた。さらに遡れば、日本の近代教育の中で教師たちが実践してきた、生活綴方にはじまる「教育実践記録」の存在にまで行きつくが、その意義は現代でも生き続けている（高橋 2007）。これらの「実践報告」や「教育実践記録」は、まさに「事例の実践的な取り扱い」を象徴する「事例研究」（Case Study）といえるものである。このことを敷衍すれば、「実践事例」を記述することは「事例研究」（Case Study）を行っていることにほかならない。

第3節　教育経営の実践事例を記述する

1．当事者による実践事例の記述──実践に組み込まれた「事例研究」

「事例研究法」（Case Study Research）に比べると、「自らの実践」を対象にして当事者が「実践事例」を記述する場合、実践の囲い込みや切り取りは一定程度、限定されることになる。少なくとも「自らの実践」という点で事例の所与性が高く、事例研究法で行われるような比較や選択は制限されざるを得ない。だとすれば、厳密な方法論と手順に沿った「事例研究法」が、研究関心・問題・仮説・科学的関心に基づく、事例の「選択」や「比較」を原理として、学問的価値に重きを置くことに対して、当事者がその実践を記述した「実践事例」や実践の中で日常的に行われる「事例研究」（Case Study）には、一体どのような原理が存在し、どのような意味や価値があるのだろうか。

　上述のように、当事者として実践事例を記述する場合、事例研究法が想定するような複数事例からの「選択」や事例を並べて行う「比較」の余地はないように感じるかもしれない。しかし、当事者による実践事例の記述は、比較と選択では明らかにできないリアリティはもちろん、客観的・中立的な立場からはうかがい知ることのできない、「実践を担う当事者」としての責任や思い、願いを描き出すことのできる可能性に開かれている。さらに、当事者だからこそできる、実践を通じた出来事や事実の自由自在な切り取り方が可能であることにとどまらず、これから記述されるかもしれない実践そのものを創造したり、修正したりすることができる点で未来志向的でもある。

　実際、優れた教師が教室の中で起こっている様々な出来事の中から、注意を払うべき事柄を適切に定めて授業を進めるように、実践の当事者は「人物」「組織・集団」「授業」「カリキュラム」「出来事」などの単位で、実践における事実や出来事を「事例」として切り取っている。「省察的実践家」を提起したショーンも、実践者が「ケース」（事例）をはじめとした様々な言葉（プロジェクトなど）を用いて、自らの実践を構成する単位を表現するからこそ、プロフェッショナルの実践者が「一定のタイプの状況に何度も何度も出会うスペシャリスト」たりえることを説明している（ショーン 1983=2007：62-63）。このように、特定の事例を実践の中から自在に切り取ることができるからこそ、教師は教育に関わる実践の専門家として、自らの実践を振り返り、新たな実践を試

みながら成長・熟達していくことができるのである。

　さらに当事者として記述される実践事例には、実践を担っているが故に経験したり、感じたりする「感触」や「感情」、時には「迷い」や「葛藤」が描かれることがある。そこには、何かを実現したり、達成したりしようとする意志と責任をもって実践に関わる、当事者ならではの困難や難しさが含意されている。そうした記述は、当事者の内省を促し、実践を通じた成長やより良い実践の実現をもたらすという意味で「実践的な価値」があるといえる。先に触れた「教育実践記録」が、教師による記録と振り返りを導く「教師の実践」そのものであることに鑑みれば、当事者による実践事例の記述は、「事例研究」として、本来的に「実践」の中に組み込まれているのである。

２．教育経営実践の事例を記述することの意味と価値

　したがって、「事例研究法」（Case Study Research）が学問的価値に重きを置くのに対して、当事者による実践事例の記述は、実践的価値に重きを置く「事例研究」（Case Study）とみなせる。それは、自らの実践から自由自在に「実践事例」を囲い込んだり、切り取ったりすることで、専門家としての成長やより良い実践の実現に貢献しようとする実践そのものである。このことを踏まえて、当事者として「教育経営実践の事例」を記述するということがどのように特徴づけられ、そこにどのような意味や価値が見出されるかを考えてみたい。

　まず、教育経営実践を記述するということは、基本的に目的を達成しようとする「組織」に軸足を置いて、出来事や事実を切り取り、事例を描き出すことを意味する。なぜなら「経営」は、一人では達成できない目的や目標を達成するために、人々が協力するための仕組である組織をつくり、それを維持・発展させていく営みだからである。したがって、組織を想定した「自らの実践」や「当事者の実践」の記述は、特定の個人やその行為に還元されるものではなく、共通の目的を持った複数の人々の関わり合いとして記述される。その意味で、学校における教育経営実践の記述が「校長の取組」に終始することはない。むしろ、その取組によって生じる、教職員や保護者、地域住民、時には児童生徒との相互関係や相互作用が記述されることになるだろう。

　このような相互作用を描き出そうとすると、関わり合う人々の意図や意思の交わり合いに付随する「葛藤」や「困難」に関する記述が、明らかに増大する。また、実践を構成する単位として「人物」「集団・組織」「授業」「カリキュラ

ム」「出来事」などを切り取ったとしても、教育経営実践の記述では、これら
の複雑な相互関係が、時間軸に沿って変化していくストーリー（物語）やヒス
トリー（歴史）として描かれることになる。それらが、意図した通りに成果を
実現した「成功物語」として描かれることは少ないかもしれない。

　このように、実践に関わる当事者が「教育経営実践」を切り取り、事例とし
て記述することの最たる特徴は、主体の複数性や不明確さによって生じる相互
作用とそのことによる「思いもよらなかった出来事」や「意図しなかった結
果」の描出にある。故に「教育経営実践」を記述する意味や価値も、もちろん
実践が意図した通りに進んだか否かで判断されるものではない。最後に、教育
経営実践における相互作用を通じた事実や出来事、交錯する当事者の意図や感
情、そこで生じる課題や困難を描き出すことの意味と価値を提案してみたい。

　まず、実践を記述することが実践に携わる当事者の内省を促すことにかか
わって、教育経営実践を記述することにより、教育や学校の現実が、個々の実
践の足し算や引き算によって成り立っているわけではないという事実を、記
述・説明できることである。無論、教育や学校の現実が人材や実践の単純な足
し算・引き算によって成り立っていると考える人は皆無だろう。とはいえ、そ
の複雑さを説明することがいかにできるかについて、明確な答えを有している
人も決して多くないように思う。

　さらに、教育課題の複雑化や困難化に応じる一連の制度改革によって、多様
なアクター（人々・機関・組織）が公教育事業に参入する現代的状況において、
教育経営実践を記述することの意味や価値も大きい。もとより教育経営は単位
学校に限定される営みではないが、学校と地域との関係再編や官民公私にまた
がるアクターの参画によって、それまで想定しえなかった多様な主体による、
様々な思いが交錯する実践へと転回しつつある。だからこそ、そこで生じる当
事者ごとの「思いもよらなかった出来事」や「意図しなかった結果」の描出は、
地域や学校における事実や現実を捉える試金石になるだろう。

　そして逆説的だが、以上のような教育経営実践の記述は、実践に関わる当事
者が、そもそも「どのような意思を有していたのか？」「どんな願いを持って
いるのか？」を、一層丹念に記述することによって可能になることを強調して
おきたい。当事者自身による深い内省をもたらし、より良い実践に向けた成長
のきっかけとなる「葛藤」や「困難」も、また、多様な主体が交わるがゆえに
生じる「思いもよらなかった出来事」や「意図しなかった結果」も、当事者の

主体的な意思と意志が描かれてこそ鮮明になるからである。それはまた、教育経営実践に関わる多様なアクターが、それぞれの立場を自覚しつつ、公共的かつ建設的に対話するための共通地平を切り拓くことにもなるだろう。

注

1) 例えば、文部科学省が「学校における働き方改革」に際して公表した「全国の学校における働き方改革事例集」（文部科学省 2023）に掲載されている学校の事例などがこれにあたる。

文献

イン、R. K.（1996）『ケーススタディの方法 第2版』千倉書房。

ヴァン・エヴェラ、S.（2009）『政治学のリサーチメソッド』野口和彦・渡辺紫乃訳、勁草書房。

小野由美子・淵上克義・浜田博文・曽余田浩史編（2004）『学校経営研究における臨床的アプローチの構築――研究‐実践の新たな関係性を求めて――』北大路書房。

佐々木浩彦・武井敦史（2020）「地域発展につながる学校再編実現の組織化プロセス」『日本教育経営学会紀要第』62、78-88。

ジョージ、A.／ベネット、A.（2013）『社会科学のケース・スタディ――理論形成のための定性的手法――』泉川泰博訳、勁草書房。

ショーン、D.（1983=2007）『省察的実践とは何か――プロフェッショナルの行為と思考――』柳沢昌一・三輪健二監訳、鳳書房。

ステーク、R. E.（2006）「事例研究」デンジン、N. K.／リンカン、I. S. 編『質的研究ハンドブック2巻 質的研究の設計と戦略』北大路書房、101-120。

高橋早苗（2008）「反省的実践家としての教育実践記録の意義と活用――実践記録カンファレンスを通して――」『教育方法学研究』33、49-60。

日本教育経営学会実践推進委員会（2014）『次世代スクールリーダーのためのケースメソッド入門』花書院。

野村康（2017）『社会科学の考え方――認識論、リサーチ・リサーチデザイン、手法――』名古屋大学出版会。

メリアム、S. D.（2004）『質的調査法入門――教育における調査法とケース・スタディ――』堀薫夫・久保真人・成島美弥訳、ミネルヴァ書房。

文部科学省（2023）「全国の学校における働き方改革事例集」〈https://www.mext.go.jp/content/20230320-mxt_syoto01-000028353_1.pdf〉、2024年8月31日閲覧。

Gomm, R., Hammersley, M. and Foster, P.（2000）"Case Study Method", Sage Publications.

Yin, R.（2018）*Case Study Research And Applications : Design And Methods (Sixth Edition)*, SAGE Publications.

（朝 倉 雅 史）

第9章

実践を交流する場としての教員研修における実践事例
——教職員支援機構における「カリキュラム・マネジメント研修」の内容変遷——

第1節　実践を交流する場としての教員研修

　本章では、実践を交流する場として教員研修を捉えた上で、そこでの実践事例の位置を探っていきたい。実践事例は、様々な目的で記述され共有されている。例えば、教育政策の策定過程で設置される審議会等では当事者から知見や経験が提供されている。また、「実践事例集」として教育政策の理解促進が図られることも少なくない。ただ、多くの教職員が実践事例を身近に感じる機会は教員研修ではないだろうか。教員研修に参加した際、自身の実践の記述や持参を求められた経験、先進校の実践発表を聞いた経験がある読者も多いのではないか。教育経営学においてもスクールリーダー教育における「ケースメソッド」の活用が盛んに研究・実践されてきた（例えば、日本教育経営学会実践推進委員会 2014）。では、多様な場と目的で記述・共有されている実践事例の中でも、教員研修における実践事例の共有をどのように理解すればよいのだろうか。また、その際には何に留意しなければならないのだろうか。

　そこで本章が対象とするのは、旧独立行政法人教員研修センター及び独立行政法人教職員支援機構（以下、中央研修センター）が企画・運営してきた「カリキュラム・マネジメント（以下、CM）研修」の内容変遷である。中央研修センターは、国による教職員の長期宿泊型研修の実施を目指して1964年に設立された国立教育会館を源流としている。そこでは、都道府県・指定都市・中核市の教育委員会や附属学校をおく国立大学法人等からの推薦を前提とした研修を企画・運営してきた。本章で対象とする「CM研修」は、教育課程基準の大綱化・弾力化を推進する教育課程政策を背景として2004年に創設された。当時の教育課程政策は、いわゆるPISAショックにより、学習指導要領の軌道修正を迫られていた時期であった。そのような中で創設された「CM研修」は、中央研修センターが、教育課程政策の策定・展開を担う文部科学省と学術的貢献を

目指して知見を蓄積してきた研究者から意見を聴取・調整しながらプログラムの改善が図られてきた。詳細は後述するが、プログラムの内容には協議・演習が多く組み込まれており、受講者同士が学び合う場が多く設定されている。このような性質をもつ中央研修センターにおける「CM研修」は、実践を交流する場における実践事例の位置を考察する恰好の対象だと言える。

　以上から本章では、中央研修センターにおける「CM研修」の内容変遷を分析することを通して、実践を交流する場としての教員研修における実践事例の位置を考察することを目的とする。以下では、第2節において「CM研修」内容の特徴を整理する。第3節では「CM研修」における実践事例の位置の変遷を整理する。最後の第4節では、教員研修における実践事例の位置を考察する。そのために、教職員支援機構から許諾を得た上で2004-2022年度の「CM研修」の目的・内容・方法や企画の意図がわかる資料を収集・分析した。なお、筆者は、2018-2022年度において、「CM研修」の主担当として研修の企画・運営に携わった経験をもっている。

第2節　「CM研修」の概要と特徴

1.「CM研修」の概要

　「CM研修」は、茨城県つくば市にある中央研修センターを会場として、2004年度には年2回3日間、2005-2019年度には年1回5日間、2019年度には年2回5日間の回数・期間で研修を実施してきた。2020年度以降はオンライン研修（同時双方向型またはオンデマンド型）を実施してきた。**表9-1**が2004年度から2022年度までの研修の開催形態・定員・受講者数の変遷である。受講者数の推移をみると、学習指導要領改訂に向けて受講者数が増加する傾向がみてとれる。また、2020年度以降は、開催形態がオンライン研修へ変更になったこともあり、受講者数が大幅に増加している。

　受講対象者は、2004年度から一貫して教育委員会の指導主事や教育センターの研修担当主事、小学校・中学校・高等学校・特別支援学校等の管理職や主幹教諭・指導教諭・教諭等である。2017年度からは、それに教職員支援機構が発行する修了証書をもって単位認定を行う教職大学院の学生が加わった。全国から多様な役割をもつ教職員が受講している点が特徴と言える。

2．「CM 研修」内容の特徴

　では、具体的にどのような研修内容が提供されてきたのか。研修内容は、文部科学省による政策動向の解説（以下、解説）、研究者や教科調査官による講義（以下、講義）、事例発表、協議・演習に分けられる。ただし、各コマは、これら区分通りに分けられるわけではなく、これらが組み合わされる中で構想されている。

　すべての年度の目的には、各学校においてカリキュラム・マネジメントを展開するための手立て、カリキュラムの自己点検・評価に関する手法の獲得が明記されている。2005-2016年度の研修内容をみると、すべての年度で解説の時間が設けられており、大半が研修序盤に設定されている。2005-2016年度は文部科学省視学官、2017年度以降は教育課程課学校教育官が担当している。また、2004年度から一貫して、学校運営における CM の役割に関する講義が研修序盤に設けられている。さらに、ワークショップ型研修の具体的な進め方に関する講義や協議・演習、カリキュラム内容とそれを支える改善プロセスや組織体制の評価に関する講義と手法を体験する協議・演習が設定されている。「CM 研修」では CM の具体として校内研修、組織づくり、カリキュラム評価を掲げて、それらをめぐる講義や協議・演習が設定されていた。

　また、すべての年度の目的には、獲得した手立てや手法を用いて、各地域にお

表 9-1　2004-2022年度の研修概要の変遷

年　　度		開催形態	定員	受講者数
2004	第1回	対面	110	177
	第2回	対面	105	130
2005		対面	220	238
2006		対面	220	190
2007		対面	160	175
2008		対面	160	184
2009		対面	160	171
2010		対面	160	165
2011		対面	160	166
2012		対面	160	161
2013		対面	160	141
2014		対面	160	157
2015		対面	160	183
2016		対面	140	248
2017		対面	140	256
2018		対面	140	244
2019	第1回	対面	100	162
	第2回	対面	80	151
2020		オンデマンド	180	605
2021	第1回	同時双方向	120	72
	第2回	同時双方向	120	65
	第3回	オンデマンド	120	611
2022	第1回	同時双方向	120	79
	第2回	同時双方向	120	94
	第3回	オンデマンド	120	728

出典：2004-2022年度の業務実績報告書をもとに筆者作成。なお、2022年度第2回では講義のみ収録動画を使用。

第9章　実践を交流する場としての教員研修における実践事例　*87*

表9-2　2016年度における研修の内容・時間

日程		タイトル	内　容	時間
1日目	解説	これからの学校教育——カリキュラム・マネジメントの観点から——	カリキュラム・マネジメントの意義とその必要性、また実践する上での現状と課題について理解する	90分
	講義	カリキュラム・マネジメントの基本とその役割、各地域におけるカリキュラム・マネジメントの取組	カリキュラム・マネジメントとは何か、学校運営における役割とその方法について具体的な理解を深める	105分
	協議・演習		受講者が取り組んだ事前課題や持ち寄った資料をもとにして、各地域の取組を知るとともに、課題を共有する	120分
2日目	講義	カリキュラム・マネジメントによる評価と改善	学校づくりに生かすカリキュラム評価の考え方・進め方について学ぶ	120分
	事例発表協議・演習	学校の特色を生かしたカリキュラム・マネジメントの実践と課題	先行事例を通して、学校の特色を活かしたカリキュラムの編成とその適正なマネジメントによる学校改善の手法等について学ぶとともに、課題をもつ	300分
3日目	講義	カリキュラム・マネジメントを促進するための研修の在り方	各校においてカリキュラム・マネジメントを実行するための研修手法及びその効果についての知識・理解を得る	120分
	協議・演習	カリキュラム・マネジメントの実際	各部会においてカリキュラム・マネジメントの意義を理解し、事例検討を通して必要な視点を学ぶ	290分
4日目	協議・演習	各地域においてカリキュラム・マネジメントを推進するために——研修を実施するための研修プランや資料の開発——	カリキュラム・マネジメントに関する教員研修の構想・企画を通して、本研修における成果を整理するとともに、各地域でカリキュラム・マネジメントを効果的に推進するための方法等について学ぶ	435分
5日目		カリキュラム・マネジメントを推進するために——全体発表・協議——	カリキュラム・マネジメントを効果的に推進するための方法等について理解を深める	135分
	講義	カリキュラム・マネジメントを推進するリーダーとして	研修を振り返り課題を整理する	60分

出典：収集資料をもとに筆者作成。

ける研修講師や各学校への指導・助言を行うための力を育成することが明記されている。2005-2020年度の研修内容をみると、研修4・5日目に、受講者が、研修成果を各地域や学校で活用するための資料や研修計画を作成する協議・演習が設定されている。2005-2017年度では、研究者の指導助言（2017年度は中央

研修センター職員が担当）をもとに、約1.5日かけて資料等の作成が行われている。2018-2020年度においても、時間数は約0.5日に減少しているが、同様の協議・演習が設定されている。

これらを踏まえると、「CM 研修」では、教育課程政策や研究者によって生み出された CM をめぐる知の理解や現場での CM の実践化に役に立つ手法の獲得が目指されていたと言える。そして、それらを各地域や学校へ伝達することが期待されていたのである。**表9‐2**が2016年度における各コマの内容と時間である。

第3節 「CM 研修」における実践事例の位置

1．対面で実施される「CM 研修」における実践事例の位置

このような特徴をもつ「CM 研修」において実践事例はいかに位置付けられてきたのか。「CM 研修」における実践事例には、研究者・文部科学省・中央研修センターが選定した「先進事例」と受講者自身が自校や地域の学校等を分析・整理した「受講者事例」がある。「先進事例」の選定経緯は収集資料から明確に読み取ることはできなかったが、2009年度や2017年度の議事録をみると、研究者や文部科学省担当者が有しているフォーマル／インフォーマルなネットワークを用いて事例発表校を選定している様子が窺える。また、筆者が主担当として携わっていた2021年度以降は、文部科学省初等中等教育局教育課程課による「これからの時代に求められる資質・能力を育むためのカリキュラム・マネジメントの在り方に関する調査研究」事業の受託団体の中から選定していた。「CM 研修」に携わった大半の研究者もこの事業の指導助言者として携わっている。また、受講者は、自校や地域の学校等の状況を分析・整理することやカリキュラムの内容がわかる資料を収集・持参することが事前課題として課せられている。2004-2008年度では校内研修や「総合的な学習の時間」（以下、「総合」）等のカリキュラム内容に関する情報や資料の収集が課せられていたが、2009年度以降は「様式」に基づいて自校や地域の学校の状況を分析・整理することが課せられるようになった。その「様式」には、「取組内容」「成果」「課題」という項目が設定されている。また、2015年度以降は、「学校の教育の目的や目標の実現に必要な教育の内容等を教科等横断的な視点で組み立てる側面」「教育課程の実施状況を評価してその改善を図る側面（PDCA サイクル）」

「教育課程の実施に必要な人的又は物的な体制を確保するとともにその改善を図っていく側面」（いわゆる「CMの3側面」）ごとに「取組内容」「成果」「課題」を整理するような様式に変更されている。受講者はこれら事前課題に取り組みながら「受講者事例」を持参することが求められている。研修の中では、「先進事例」と「受講者事例」をもとにした協議・演習が設定されている。「先進事例」をもとにした協議・演習は、受講者が「先進事例」を分析・整理することを通してCMの観点を獲得するとともに、自身が整理した「受講者事例」を見直す時間とされている。「受講者事例」をもとにした協議・演習は、それを素材として改善案を検討・作成する時間とされている。このような「先進事例」や「受講者事例」をもとにした協議・演習の前には、教科調査官や研究者による講義が設定されている。また、研究者によってワークシートや付箋を使用した整理法が提示され、それに基づいて分析・整理が行われている。

　2006年度の研修内容をみると、研修2日目に、研究者による「総合」に関する講義「カリキュラム・マネジメント行う上での総合的な学習の時間の意義と位置付け」（105分）が設定されている。その後、研修3日目に同じ研究者の指導・助言のもとで、「受講者事例」を活用して「総合」の全体計画を見直す協議・演習「総合的な学習の時間を生かした特色ある教育課程の編成」（285分）が設定されている。そして、研修3日目の最後には、小学校、中学校、高等学校の「先進事例」をもとに「受講者事例」を見直す時間「カリキュラム開発による学校改革」（120分）が設定されている。**表9-3**が2006年度における各コマの内容と時間である。

　だが、2007年度の研修実施に向けた会議資料には、2006年度までの研修について、「総合的な学習の時間のためのカリキュラム・マネジメントになっている部分がある」という意見が出されている。すなわち、学校全体のカリキュラムを改善するための一方策であるはずの「総合」の実質化が目的化していることが認識されていたのである。それを受けて、2006年度から2007年度にかけて「総合」に関する講義の時間が105分から60分に減少した。また、「総合」に関する協議・演習と事例発表のつながりを強化したコマ「総合的な学習の時間を中核としたカリキュラム開発による学校改革」（合計225分）が設定された。「先進事例」からCMの観点や「総合」の位置を捉えた上で「総合」の全体計画の改善案を検討する協議・演習を設定することで、学校全体のカリキュラムへの視野をもつことを期待したと考えられる。「総合」に関するコマが整理され

90 第Ⅱ部 GRP（good report of practice：実践の良い報告）の在り方を考える

表 9 - 3 2006年度における各コマの内容・時間

日程		タイトル	内　容	時間
1日目	解説	カリキュラム・マネジメントの課題と期待	行政説明として、国の教育改革動向を踏まえて本研修の重要性や必要性を理解する	80分
	講義	カリキュラム・マネジメントの基本と学校運営	学校教育の構造改革をする上で、必要となるカリキュラム・マネジメント概念とカリキュラム・マネジメント観を明確にし、教育課程の経営を学校組織として行い、教育ニーズの効果的、効率的な実現を目指す方向性を説明できるようになる	90分
	講義	教育課程の自己点検・自己評価の実際とカリキュラムの改善	組織としての学校がその機能をどの程度果たしているかを総合的・客観的に評価するための方策を理解する	135分
	協議・演習		教育課程・年間指導計画を月単位、学期単位、年単位等で PDCA のサイクルで学校を見直し、改善策を見出す	
2日目	講義	カリキュラム・マネジメントと校内研修——ワークショップ型研修で学校力・教師力を強める——	教職員のカリキュラム・マネジメントマインドを高めるための校内研修、組織づくりについて知識・方法を理解する	80分
	協議・演習		新しい研究課題に対応するための新しい組織づくりや共通理解を求めるための校内研修が肝要であることから、新しい発想に基づき、効果的で理想的な校内研修と組織の在り方についてまとめる	210分
	講義	カリキュラム・マネジメントを行う上での総合的な学習の時間の意義と位置付け	カリキュラム・マネジメントを行う上での総合的な学習の時間の意義等の理解を深める	105分
3日目	協議・演習	総合的な学習の時間を生かした特色ある教育課程の編成	自校の特色（強みや弱み）を記載した総合的な学習の時間の全体計画の在り方についてまとめる	285分
	事例発表	カリキュラム開発による学校改革	事例発表を受けて、質疑応答を行い、事例についての理解を深め、自校の問題点を洗い出し、改善策の糸口を探る	120分
4日目	協議・演習	カリキュラム・マネジメントを展開するために——課題の整理、改善策、還元用配付資料作成——	自校の問題点を洗い出し、班毎に共通の課題と学校独自の課題とに分け、主に共通の課題については班員で知恵を出し合い改善策を探る。課題の改善を図り、カリキュラム・マネジメントを自校及び地域で普及するために、本研修で得た配布資料を作成する	420分
5日目		カリキュラム・マネジメントを展開するために——全体発表、協議——		90分
	講義	研修講師となるために	カリキュラム・マネジメントに関する研修講師となるための課題を整理する	75分
	協議・演習	研修成果の活かし方	本研修成果を地域等へ普及・還元するための準備を行う	75分

出典：収集資料をもとに筆者作成。

第9章　実践を交流する場としての教員研修における実践事例　　*91*

表9−4　2007年度における各コマの内容・時間

日程		タイトル	内　　容	時間
1日目	講義	今、なぜカリキュラム・マネジメントなのか──基本と学校運営──	行政説明として、国の教育改革動向を踏まえて本研修の重要性や必要性を理解する	80分
	解説	今、なぜカリキュラム・マネジメントなのか──課題と期待──	学校教育の構造改革をする上で、必要となるカリキュラム・マネジメント概念とカリキュラム・マネジメント観を明確にし、教育課程の経営を学校組織として行い、教育ニーズの効果的、効率的な実現を目指す方向性を説明できるようになる	90分
	講義	今、なぜカリキュラム・マネジメントなのか──点検・評価とその改善──	組織としての学校がその機能をどの程度果たしているかを総合的・客観的に評価するための方策を理解する	135分
	協議・演習		教育課程・年間指導計画を月単位、学期単位、年単位等で PDCA のサイクルで学校を見直し、改善策を見出す	
2日目	講義	学校におけるカリキュラム・マネジメントの実際	教職員のカリキュラム・マネジメントマインドを高めるための校内研修、組織づくりについて知識・方法を理解する	100分
	協議・演習	学校におけるカリキュラム・マネジメントの実際──学校が教師力を高めるための一方策──	新しい研究課題に対応するための新しい組織づくりや共通理解を求めるための校内研修が肝要であることから、新しい発想に基づき、効果的で理想的な校内研修と組織の在り方についてまとめる	270分
3日目	講義	これからの総合的な学習の時間に求められること	学習指導要領改訂の方向性を踏まえ、総合的な学習の時間のカリキュラム編成とその適正な運用のためのマネジメントの方法について理解を深める	60分
	事例発表	総合的な学習の時間を中核としたカリキュラム開発による学校改革	総合的な学習の時間を中核とした学校づくりが大きな成果を上げている先進校の事例発表をもとに、総合的な学習の時間を充実させるカリキュラム編成やカリキュラム・マネジメントのポイントを整理する	90分
	協議・演習			135分
	講義	様々な教育課題に対応するためのカリキュラム・マネジメント	教育課題に対応するためのカリキュラム編成とその適正な運用のためのマネジメントの方法について理解を深める	90分
4日目	協議・演習	カリキュラム・マネジメントを展開するために──課題の整理、改善策、還元用配付資料作成──	自校の問題点を洗い出し、班毎に共通の課題と学校独自の課題とに分け、主に共通の課題については班員で知恵を出し合い改善策を探る。課題の改善を図り、カリキュラム・マネジメントを自校及び地域で普及するために、本研修で得た配布資料を作成する	420分
5日目		カリキュラム・マネジメントを展開するために──全体発表、協議──		90分
	講義	研修講師となるために	カリキュラム・マネジメントに関する研修講師となるための課題を整理する	75分

出典：収集資料をもとに筆者作成。

92 第Ⅱ部 GRP（good report of practice：実践の良い報告）の在り方を考える

表 9-5 2018年度における研修の内容・時間

日程		タイトル	内　容	時間
1日目	解説	新学習指導要領とカリキュラム・マネジメント──学習指導要領総則の記述を中心に──	新学習指導要領における「カリキュラム・マネジメント」の位置付けや学校に求められていることを理解する	50分
	講義	「カリキュラム・マネジメント」の新たな展開──新学習指導要領の告示に関わって──	カリキュラム・マネジメントとは何か、学校組織におけるその役割と方法について具体的な理解を深める	225分
	協議・演習		各地域の取組を知るとともに、課題を共有する	
2日目	講義	学校ビジョンと戦略	学校の資源、特色を生かした学校ビジョンと戦略、評価について理解を深める	90分
	事例発表協議・演習	学校の特色を生かしたカリキュラム・マネジメントの実践と課題	先行事例を通して、学校の特色を活かしたカリキュラムの編成とその適切な組織マネジメントによる学校改善の手法等について学ぶとともに、自校や担当地域の課題やこれまでの成果をより明確にする	270分
3日目	講義	校長のリーダーシップと学校組織	校長のリーダーシップのもと学校組織の構成員および地域の保護者と協力しての学校運営についての理解を深める	90分
	講義協議・演習	「カリキュラム・マネジメント」による評価と改善	学校づくりに活かすカリキュラム評価の考え方、進め方について学ぶ	210分
	講義	「カリキュラム・マネジメント」を促進するための研修の在り方	各学校において組織的に「カリキュラム・マネジメント」を実行するための研修手法及びその効果についての知識を理解する	120分
4日目	協議・演習	「カリキュラム・マネジメント」の実際	学校全体で「カリキュラム・マネジメント」の意義を理解し、組織的な取組によって学校教育目標の達成を目指す方策を検討する	415分
5日目	協議・演習	カリキュラム・マネジメントを推進するための研修プランの作成	これまで学んできたことを活用して、「カリキュラム・マネジメント」を推進するための研修を企画する	105分
	講義	「カリキュラム・マネジメント」と組織化	本研修を振り返るとともに、「カリキュラム・マネジメント」の組織的な取組について理解を深める	90分

出典：収集資料をもとに筆者作成。

て生み出された時間は、校内研修の在り方やワークショップ型研修の具体的な進め方に関する講義と協議・演習の時間へ振り分けられた。2006年度には合計290分だったコマが370分に増加した。**表9−4**が2007年度の各コマの内容と時間である。

その後、2008年度には、学習指導要領改訂に合わせるように、「総合」に焦点化していた講義や協議・演習が、「道徳教育」「キャリア教育」「言語活動」「総合」等（以下、「教科横断」）に分けられた。2008-2016年度には、「教科横断」に関する講義と「先進事例」をもとにした協議・演習、「教科横断」の中から選択した内容に関する「受講者事例」の改善案を検討・作成する協議・演習が設定されている。2017年度になると、「先進事例」をもとにした協議・演習が、小学校、中学校、高等学校、特別支援学校（以下、学校種別）のCMに関する講義と「先進事例」をもとにした協議・演習に変更された。2018年度には、「受講者事例」の改善案を検討・作成する協議・演習が、学校種別で「受講者事例」の改善案を検討・作成する協議・演習に変更された。この変更をめぐって研修実施に向けた会議では、学習指導要領改訂の議論や学校全体でのCMを考えてもらう必要性に関する意見が出されている。**表9−5**が2018年度における各コマの内容と時間を整理したものである。

ここまでみた通り、「CM研修」における実践事例の特徴は、「総合」から「教科横断」、「教科横断」から「学校種別」へ変化してきた。この背景には、「総合」や「教科横断」の枠組みの中で思考することに留まり、学校全体のカリキュラムという本来的な意味を捉える視点が欠如してしまうという課題があった。これらを踏まえると、「先進事例」は、教育課程政策や研究者によって生み出された知の実践化やそこでの課題を実践者に意識させるための素材として位置付いていたといえる。「受講者事例」は、教科調査官や研究者によって提供された分析の観点と方法にもとづいて、受講者自身が自校や地域の学校におけるCMの実践化を具体的に考えるための素材として位置付いていたと考えることができる。

２．オンライン研修における実践事例の位置

2020年度になると、COVID-19感染拡大の影響で、「CM研修」はオンライン研修（同時双方向型及びオンデマンド型）として実施されることになった。この中で、「先進事例」と「受講者事例」はどのように位置付けられてきたのか。

2021年度第1・2回及び2022年度第1回の同時双方向型オンライン研修では、「カリキュラム・マネジメントにおける評価」と「教職員の組織化」という観点から研究者による講義が設定されている。その後、それぞれに対して「先進事例」として個別学校におけるカリキュラム編成・実施の内実と教育委員会による支援策をセットで発表する時間が設定されている。そして、「先進事例」を踏まえて実践的課題を考える協議・演習が設定されている。オンライン化以前は、受講者自身が「先進事例」を分析してCMの観点を獲得するとともに自身の「受講者事例」を見直す時間とされていたが、オンライン化によって受講者同士が対話をする時間の設定が難しくなったため、研究者の講義とのつながりの中でCMの実践的課題を考える時間へと変化した。また、「受講者事例」をもとにした協議・演習は設定されていないものの、2021年度の研修実施に向けた会議資料をみると、最終日に「『戦略的思考』を模擬体験することで、カリキュラム・マネジメントを推進するイメージを明瞭化する」ことを目的とした協議・演習が設定されている。そして、その設定の背景として「① 現場が考える「ありうる姿」の見取りと研修への反映（現場との対話可能性）② 要因理解から現場の動態への重心移動（リアリティの追求）」を考える必要が提案されている。また、2022年度の研修実施に向けた会議資料をみると、「CM研修」関係者（受講者、事例発表者、文部科学省、研究者、中央研修センター）同士の対話を各コマの中で重視することが記されている。学校現場の実践知と文部科学省や研究者によって産出された知の交流が企図されている。**表9‒6**が2022年度第1回における研修の内容と時間を整理したものである。

　オンデマンド型オンライン研修として企画・運営された2021年度第3回及び2022年度第3回では、基本的に1つのコマが90分程度の講義動画と60分程度の演習とされており、講義の中に20分程度の演習が3回設定されている。受講者は、研究者によって提示された課題をもとに個人で演習に取り組む。研修内容を確認すると、研修3日目に「先進事例」の発表の時間が設定されている。その後、研究者による「先進事例」の解説（2021年度第3回）や事例発表者と研究者による対談（2022年度第3回）が設定されている。研究者によって提供された知を実践に即して理解するための時間として「先進事例」の発表の時間やそれをめぐる解説や対談の時間が設定されていた。**表9‒7**が2022年度第3回における各コマの内容と時間を整理したものである。

第9章 実践を交流する場としての教員研修における実践事例　　95

表9-6　2022年度第1回における研修の内容・時間

日程		タイトル	内　　容	時間
1日目	講義	カリキュラム・マネジメントの新たな展開	個別学校においてカリキュラム・マネジメントが求められる背景と目指すべき姿を理解する	60分
	講義	カリキュラム・マネジメントにおける評価	カリキュラム・マネジメントの基礎的事項を踏まえて、学校における「評価」に関する理論的課題を理解する	90分
	事例発表	カリキュラム・マネジメントの具体的展開	教育委員会と個別学校の事例を通して、カリキュラム・マネジメントの意義と実践的課題を考える	60分
	協議・演習	カリキュラム・マネジメントの実践的課題	事例発表者が抱えている課題を題材にした事例発表者と講師の対話や受講者が抱えている課題を題材にした受講者と事例発表者・講師の対話を通して、自校で「評価」を具体化する課題を理解する	90分
2日目	講義	カリキュラム・マネジメントにおける教職員の組織化	カリキュラム・マネジメントの基礎的事項を踏まえて、教職員を組織化するための理論的課題を理解する	90分
	事例発表	カリキュラム・マネジメントの具体的展開	教育委員会と個別学校の事例を通して、カリキュラム・マネジメントの意義と実践的課題を考える	60分
	協議・演習	カリキュラム・マネジメントの実践的課題	事例発表者が抱えている課題を題材にした事例発表者と講師の対話や受講者が抱えている課題を題材にした受講者と事例発表者・講師の対話を通して、自校の教職員の組織化の課題を理解する	90分
	講義	カリキュラム改善に必要な条件	「評価」と「組織化」を踏まえて、個別学校においてカリキュラム内容とその経営的基盤を改善するための観点を理解する。	60分
3日目	協議・演習	カリキュラム改善の実践	カリキュラム改善をめぐる受講者同士の対話の中で「戦略的思考」を模擬体験することで、カリキュラム・マネジメントを推進するイメージを明瞭化する	225分
	シンポジウム	カリキュラム・マネジメントの可能性	カリキュラム・マネジメントのより一層の充実に向けた今後の可能性と課題を探索する	90分

出典：収集資料をもとに筆者作成。

96　第Ⅱ部　GRP（good report of practice：実践の良い報告）の在り方を考える

表9-7　2022年度第3回における研修の内容・時間

		タイトル	内　容	時間
第1講	講義	「生きる力」の理念の具体化とカリキュラム・マネジメント──学習指導要領総則の規定を中心に──	学習指導要領改訂がどのような背景や意図をもって行われたのかを理解する	90分
第2講	講義	学校現場におけるカリキュラム・マネジメントの意義	各学校でカリキュラム・マネジメントを進めるにあたり、なぜ必要なのか、何が必要なのかを理解する	90分
第3講	講義	カリキュラム評価の重要性とマネジメントサイクル	評価の重要性を認識し、評価に基づき、継続的にカリキュラム改善を図る方策を理解する	90分
第4講	講義	カリキュラム実践のための組織化	組織化なくしてカリキュラム・マネジメントは成立しないことを認識し、組織化に必要な要素や方策を理解する	90分
第5講	講義	カリキュラム改善に必要な条件	これまでの講義・演習で得た知識や観点等を踏まえながら、カリキュラム・マネジメントを分析する際の観点を理解する	60分
第6講	事例発表	カリキュラム・マネジメントの具体的展開	第5講で理解した分析の観点を踏まえて、事例発表を通して、自校のカリキュラム・マネジメントの展開イメージを明瞭化する	45分
第7講	対談	カリキュラム・マネジメントの具体的展開		30分
第8講	講義	カリキュラム・マネジメントの可能性と課題	カリキュラム・マネジメントのより一層の充実に向けた今後の可能性と課題を理解する	60分

出典：収集資料をもとに筆者作成。

第4節　考　察

　ここまで整理してきた通り、「CM研修」における実践事例は「先進事例」と「受講者事例」に分けられる。まず、受講者は事前課題として「受講者事例」を自身で記述することが求められていた。そして研修の中で、研究者や文部科学省からCMの知識や手法が提示され、「先進事例」を介して知の実践化やそこでの課題を認識することを通して、「受講者事例」の記述の修正やCMの実践化が目指されていた。「CM研修」における実践事例には、教育課程政策の方向性や研究者によって生み出された知の実践化に向けて、受講者にその可能性や具体的方策を考えさせる役割が期待されていたと考えられる。ただし、

受講者が教育政策で提示された
枠組み（「総合」や「教科横断」）
の中での思考に留まっているこ
とが課題とされていたことを踏
まえると、企画者には教育政策

表9-8　中央研修における実践事例の性質

	積極的側面	消極的側面
先進事例	知の伝達	個別文脈性の欠如
受講者事例	個別文脈性の交流	記述・伝達の困難

の伝達機能が過度に強調されることに課題意識があったと推察される。

　以上を踏まえて、「CM研修」における実践事例の性質は**表9-8**のように捉えることができる。「CM研修」における「先進事例」は、教育課程政策の方向性や研究者によって生み出された知に照らした先進性が想定されており、教育政策や研究者によって生み出された知の伝達に貢献する性質を有していた。このような側面は、否定されるべきものではなく、中央研修センターがもつ重要な側面である。しかし、「先進事例」にそのような側面があるからこそ、「先進事例」自体が持つ個別文脈性が置き去りにされている可能性がある。他方で、「CM研修」は全国から多様な職種の受講者が集まり演習中心のプログラムが準備されていることを踏まえれば、「受講者事例」には受講者が埋め込まれている文脈やそこでの困難や葛藤の交流を促す性質があったと推察される。その反面、他者と共有できる知や観点を形成できなければ意図的に出来事を切り取ることができないため、記述や伝達が困難な状況が生じていた可能性がある。

　以上のように「CM研修」における実践事例を捉えれば、個別文脈性をめぐる記述の困難という「先進事例」と「受講者事例」に共通した課題がみえてくる。その意味で、「先進事例」と「受講者事例」は対等な位置にあるものとして認識する必要がある。その際、受講者には「先進事例」をモデルとして自身の実践に当てはめるのではなく、個別文脈性を認識・記述するための素材として捉える姿勢が求められる。他方で、企画者には、政策や研究の知に基づいて実践事例を整理・分析する枠組を提供する役割から、実践事例の背後にある豊かな実践を引き出す役割への重心移動が求められる。

　それでは、個別文脈性を置き去りにしないためには、どのような条件が必要なのだろうか。教師がもつ制度的事実構築の当事者性が剥奪されていると指摘する水本（2017）は、独自の言葉をもつ「教師や学校を掘り起こし、学び合える機会を生み出すこと」、「獲得された制度の語彙をアンラーン（学びほぐし）すること」、それによって子どもや学校、地域固有の具体的な現実へと目を向けることによって教師の当事者性が拡大する可能性を指摘する。このような水本

の指摘を踏まえれば、受講者だけではなくその企画・運営に携わる者も含めた当事者の学びほぐしの場として教員研修を理解する必要があろう。すべての教育現場から「最良の事例」が選定されるような仕組みが存在しているわけではないからこそ、受講者・研究者・文部科学省・センターが対等な立場で、それぞれが持つ知や実践事例を持ち寄り、新たな実践を生み出していく場として教員研修を位置付ける必要がある。そこでの実践事例は、政策・研究・実践がそれぞれ生み出す知の「翻訳」を促す素材として位置付くことになるだろう。

参考文献

日本教育経営学会実践推進委員会編（2014）『次世代スクールリーダーのためのケースメソッド入門』。

水本徳明（2017）「学習観の転換と経営管理主義の行方──公教育経営における権力様式に関する言語行為論的検討──」『教育学研究』84(4)、2-13。

吉田尚史（2018）「「カリキュラム・マネジメント指導者養成研修」がめざす地域や学校の実態に即したカリキュラム・マネジメントの推進」『SYNAPSE』71号、35-39。

［付記］　本報告は、吉田（2018）の内容を加筆・修正したものである。資料の収集・分析・報告を許諾していただいた教職員支援機構の皆様に感謝申し上げます。

（吉田尚史）

第 10 章

教師にとっての「実践」と教育経営学の「実践事例」
──日本教育経営学会紀要での〈実践事例〉の扱いの変遷から──

第1節　教師の孤立化の背景にあるもの

　新型コロナウィルスの流行以降、教育を取り巻く環境はそれまでの制度から大幅な改定を促す契機となった。さらに近年の働き方改革や DX 化の進行が大きな変革の波をつくりだし、教師は戸惑いの連続の中でなんとか解を見出しながら日々の実践を進めていることだろう。かつての学校には、自身の教育実践について気軽に議論をしたり、研修に出かけたりといったことは自然にあったが、現在はそうしたことが困難であるとの声も聞こえてくる[1]。では、学校外の場に目をうつしてみるとどうだろうか。かつて、教師は自主研修として所属学校を超えた研究会や勉強会といったコミュニティを形成し、そこで自らの教育実践を記録し、また他の教師の実践記録を読み、切磋琢磨してきた（例えば中内・川合 1974 など）。しかし、教員の多忙（感）や教員の自主研修組織の衰退等から、教員自身が素朴な実践事例を蓄積・共有する機会を失い、教員それぞれが孤立していると考えられる。しかしながら、VUCA 時代といわれる社会の中で、教師同士が自らの教育実践をひらきながら議論していくような機会が無ければ、教師の創造性や専門性の向上を期待することは難しいだろう。

　こうした自己研鑽の場として、専門学会も選択肢の１つとなる。中でも、日本教育経営学会は、学習指導や生徒指導などの方法論に特化することなく、「教育事象にさまざまな方法でアプローチする努力とその成果の蓄積」[2]を目的としてきた。会員は、大学等に籍を置く研究者のみならず、学校教職員やNPO 職員など多様であり、様々な立場から教育経営について考える場となっている。

　そこで本章では、日本教育経営学会が実践事例交流のための場となりうるのか否か、その可能性を考えたい。そのために日本教育経営学会は、どのような教育実践に関心を向けてきたのかについて検討し、今後どのように「実践事

例」を取り上げていけるのかを考えてみたい。

　具体的方法としては、日本教育経営学会紀要を対象に、「実践事例」の取り扱い方について変遷を追うこと、さらに研究推進委員会や2006年に創設した実践推進委員会の動向も踏まえてみたい。この検討によって、その時々に、「実践事例」とは、どのような性質をもつものと捉えられてきたのか、どのような限定性が含みこまれてきたのかを確認する。その上で、今後どのように実践を捉えていく可能性があるのかを検討する。

　なお、本章においては「実践事例」とは「日々の実践の連続から意図をもって区切られ、切り取られた事例」（安藤 2023：2）であると理解している。現代の教育実践は困難に満ちていて、日々の実践との向き合い方を考えることがねらいであるためである。ただし、学会等で扱う際には必ずしもそうした意味にはなっていない。

第2節　学会における「実践事例」取り扱いの変遷

1.「教育経営ノート」の掲載開始（第28号）

　学会紀要第50号には、紀要の総目録が掲載されている。第1号から参照すると、第28号において「教育経営ノート」の掲載が始まり、第41号までほぼ毎回掲載があるが、第39号から第41号までは大学（院）における講義ノートが掲載されている。紀要第42号のまえがきには、「『教育経営ノート』は、この欄の創設時の趣旨にたちかえって、特色ある教育経営の実践事例を紹介・分析した論文の掲載を目的」とすることが記載され、第43号から掲載できるように編集内規を定めたことを記している。

2.「教育経営の実践事例」の掲載開始（第43号〜）

　第43号から第45号まで続いて掲載されてきたが、第46号、第47号では2本の投稿があったが掲載に至らなかったことがまえがきにて報告されている。特に第46号においては、「『編集内規』にありますように投稿する会員が『当該実践に参画』したことが条件となっています。つまり『実践者』としての<u>自己の実践的な研究を対象とした</u>ものであることが前提的に求められています」（下線部筆者、以下同様）と述べている。同様の記載は第47号にもある。

　その後第48号から50号まで掲載が続くが、第51号では4本、第52号では2本

第10章　教師にとっての「実践」と教育経営学の「実践事例」　*101*

の投稿があったが掲載されなかった。第53号では、７本の投稿から４本が掲載となった。このことに関し、「『実践事例』では、『当該実践事例の企画立案または実施に関与』した本学会の会員が自己の実践事例を対象に研究成果として情報発信するもの」と記された。第55号では、３本の投稿があったが掲載に至らなかったことを報告しながら「独自の査読基準」についてふれ、「字数オーバーを防止するためにも、投稿論文のフォーマットの作成も予定している」と述べた。第56号では投稿要領が巻末に掲載された。[4]

　第58号では、１本の投稿があったが掲載とはならず、「事例の紹介にとどまることなく、事例のどのような点に焦点をあて、その意味を考察するのか」が必要だとされた。第59号も掲載がなく、「研究の作法、論文執筆の作法」の問題を指摘している。第60号は６本の投稿から１本の掲載となったことにかかわって「研究論文、教育経営の実践事例は、教育経営の研究と実践によって産み出される知見を形にしていくものです。紀要への掲載には、提供される知見への信頼性、これまでの研究や実践との関連性やオリジナリティなどが求められ」ると記されている。

　第61号では、特に実践事例にかかわって掲載基準がわかりづらいという声から「投稿者は、当該実践事例の企画または実施に関与した本学会の会員」かつ「自らが関わった特色ある実践を、単なる紹介にとどまらず、分析・考察することにより、教育経営の実践や研究に資する新たな知見を提供すること」を掲載基準としたことが記されている。第62号では、５本の投稿があったが１本の掲載となったことにかかわり、第61号で示した掲載基準に、「その有意味性や新たな知見を確認するために必要十分な情報が提供されていること」を加えたこと、しかしながら「『実践事例』論文には、自身の実践に関してどこが新たな知見なのかを自ら価値づけること、その確認のための適切な情報提供を行うことの難しさがあるよう」だと記した。第63号では６本の投稿があったが、１本の掲載となったことが報告された。結果にかかわり、第62号で示された価値づけなどに加えて「自らの実践を公表することに伴う研究倫理上の問題をどのように考えて行くかが今後の課題」とされた。

　第64号では４本の投稿があり、審査の結果１本の掲載となったこと、不掲載の理由として「自らの実践の意義を客観的に評価できているか」が課題となったと記された。第65号では３本の投稿、第66号では４本の投稿があった。いずれも掲載の経緯や基準にかかわるコメントは記載されていない。

表10-1 日本教育経営学会紀要に掲載された実践事例の掲載タイトル一覧

紀要No.	西暦	執筆者	タイトル	備考
28	1986	吉田信明	若い教師を育てる学校の条件	教育経営ノートとして掲載開始
		平野均	新設高校における一つの試み	
29	1987	菅野家作	教育課程の経営に関する研究	
		牧田壽	学校改善と教育課程経営——小学校の実践事例——	
30	1988	太田昭雄	学校経営の充実と校内研究の活性化	
		鈴木武顯・多賀谷智	全校あげて「生徒指導の実践と研究」にどう取り組んでいるか	
31	1989		授業研究の進め方と評価に関する研究（要約）	
			単位時間を弾力的に運用する学習指導の展開と校時表〈タイムテーブル〉の工夫	
32	1990	天花寺博司	校内研修の充実と勤務校研修——初任者研修と研修の体系的整備にかかわって——	
33	1991	亀井浩明他	最近の子どもの意識と行動の傾向に関する調査研究——教師と子どものずれを探る——	
		天笠茂	「体験学習」のデータベース	
34	1992	坂本孝徳	国立教育研究所における教育情報ネットワーク	
35	1993	岩崎賢治男	教育人口の減少と学校経営——小規模校の学校経営上の問題の考察——	
		小松郁夫	英国教育行政学会 The British Educational Management and Administration Society（略称：ビーマス BEMAS）年次大会報告	
36	1994	金澤孝	指導主事の指導助言と学校訪問の態様の改善	
		蛭田政弘	学校改善における指導主事の役割	
37	1995	戸澤忠治	総合学科開設における実践と学校経営課題	
		河村龍弌	ある集合学習の発展経緯とリーダーシップ	
38	1996	福岡県教育センター経営研究室	学校経営の活性化を目指す経営改善——学校経営診断票の活用を通じて——	
		角田宗久	加配によるティーム・ティーチングの試み——理科教育を中心にして——	
39	1997	鳴門教育大学教育経営講座	私たちの教育経営学講義	
		清水俊彦・岡崎公典	私の教育経営学講義——大学院修士課程「学校経営学特論」の場合——	
40	1998	西穣司	私の教育経営学講義——その位置づけと特色——	
		中留武昭	私の教育経営学講義	
		大脇康弘	私の教育経営学講義	
41	1999	水本徳明	私の教育経営学講義	
		植田健男	私の教育経営学講義	
		岡東壽隆	私の教育経営学講義	
42	2000	なし		
43	2001	長井勘治	普通科総合選択制高校への改編事例——教育課程と組織の改革に伴う諸問題を中心に——	教育経営の実践事例として掲載開始
		中留武昭	「マイクロ・マネジメント」を生かした学校改革事例——スクールショップ流通実験工房の運営実験と経営効果——	
44	2002	田中正樹	学校広報活動の改善実践事例——自律的学校経営時代における広報活動への取組について——	
		佐々木秀成		

No.	年	著者		内容
45	2003	鈴木亘		協働性を育む学校の校内研修経営事例 ─総合学習研究会の取組みから─
46	2004	及川沢美子	なし	主体的な教育活動の展開を目指した学校経営の改善 ─学校経営診断の結果に基づく自校課題に対応する経営改善策の検討を通じて─
47	2005	なし	なし	
48	2006	菅沢茂 / 松村千鶴		人事考課制度を利用した学校経営の展開 ─校長の経営方針と進学対策─ / 大学院における学校管理職講座の運営と今後の展望
49	2007	易寿也 / 曽余田順子・曽余田浩史		普通科高校における日本版デュアルシステムの導入について / 「ダブルループ学習」を促すスクールリーダー教育の構築 ─東広島市教職員キャリアアップ研修を通じて─
50	2008	小野田正利 / 笠井尚		学校と保護者の良好な関係性構築のためのワークショップ実践 / 学校経営と学習活動を支える学校環境整備 ─愛知県犬山市における「学びの学校建築」づくり─
51	2009	なし	なし	
52	2010	なし	なし	
53	2011	屋敷和佳 / 曽余田順子	なし	学校運営協議会活動の模索と成果・課題 ─杉並区立向陽中学校における6年間─ / 教職員の人材育成に資するコーチングに関する実践的考察
54	2012	諏訪英広・福本昌之・小山悦司 / 回賀詩浩亭・高瀬淳 / 押田貴久・仲田康一・武井哲郎 / 村上純一 / 谷俊和		学校改善を促す第三者評価システムの開発プロセスと実践 ─矢掛町における取組事例─ / 学校・家庭・地域の連携に向けた研究の支援 ─志木市立志木第一中学校における学校協議会の実践─ / 支援チームの組織化における校長の役割 ─チームによるある不登校生徒個別支援活動の事例から─
55	2013	なし	なし	
56	2014	西川潔		協働性を高める学校組織開発のプロセスに関する実践的研究
57	2015	長井勘治 / 小野田正利		学校改善を意図した校長と教員の協働についての実践事例：大阪府立A高等学校の教育学部志望者コース設置を中心として / 「エコロジカル・マップ」の作成によって保護者対応トラブルの解決策を探るワークショップ実践
58	2016	なし	なし	
59	2017	なし	なし	
60	2018	谷智子		地域と連携・協働する学校 ─その促進要因と阻害要因の反省的探究
61	2019	野村ゆかり		「子どもの貧困」緩和に向けた学校の役割と課題 ─スクールソーシャルワーカーを中心としたチームプロジェクトの可能性
62	2020	佐々木浩彦・武井敦史		地域発展につながる学校再編実現の組織化プロセス
63	2021	市村淳子		小学校における教職員の自律性と協同性を高める組織改善 ─対話によるコミュニケーション改善に着目した校内研修開発
64	2022	なし	なし	
65	2023	森脇正博		教育経営実践における「笑い」の可能性 ─「笑い学（教育笑学）」を通じた学級風土の醸成過程に着目して
66	2024	三浦奈々美 / 元澤伸久		学校組織に変革をもたらす常勤外部人材 ─小規模高校での「総合的な探究の時間」のカリキュラム開発・導入過程における指導的外部人材─ / 教師の指導観の問い直しを促す校内研修プログラムの開発的研究 ─U理論を援用した組織的省察の展開とその効果

3．小括

「教育経営ノート」掲載開始時は、「特色ある教育経営の実践事例を紹介・分析した論文の掲載を目的」とすることが目指されている。「教育経営の実践事例」として掲載が始まった段階では、「投稿する会員が『当該実践に参画』したことが条件」であるとされている。しかし、明確には第60号から「これまでの研究や実践との関連性やオリジナリティ」が求められるようになり、第61号以降分析・考察による新たな知見の創出や客観性について指摘されている。

第3節　学会活動の中での「実践事例」に関する議論

先ほどまでは、学会紀要での実践事例の扱いを概括した。一方で、学会活動においても、実践事例を扱っているため、以下で確認していく。

1．研究推進委員会の活動

学会において、実践と研究との関係性は常に議論されている。少し遡ると、第34号の課題研究報告「教育経営研究の学術性と実践性に関する検討」、第40号課題研究報告「教育経営の社会的基盤の変容と研究の有用性」がある。その後、2000～2002年度の研究推進委員会は、「学校経営研究における臨床的アプローチの構築」と題する課題に取り組んでいる。この課題は、現在でも研究と教育現場とのかかわりを論じる上で度々登場する。そこで、紀要から当時の議論を確認する。

当該委員会では、「学校現場が直面する諸課題を解決するうえで、また個々の学校が擁する経営力量を高めるうえで、はたして学校経営研究はどのように貢献しうるのか？」を主題として3年間研究を進めている。この研究において、理論と学校現場とのかかわりについての議論のほか、委員がそれぞれ3つの研究事例を示しながら、研究事例がいかに臨床的かを示し、フロアとの意見交換を行う過程で、調査者の立ち位置の問題や、立ち位置による科学的基準をどの様に考えるかなどが議論された。また実用性＝役に立つ、と考えるときに、誰にとって役に立つのかの課題が見出されている。

その後、当該委員会では『学校経営研究における臨床的アプローチの構築』を出版している（小野ほか 2004）。ここでは、これまでの研究知が「学会独善」「非現実的な理念型」となっていること、一方で学校の裁量権限の拡大と教育

第10章　教師にとっての「実践」と教育経営学の「実践事例」　105

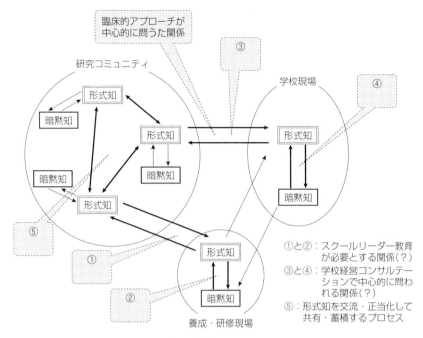

図10-1　研究と実践との関係を捉える視野
出典：浜田（2009：109）。

の正統性のゆらぎが同時に進行する時代において、「学校経営の動態」を捉える必要が増していることが述べられている。そしてそのための関係性構築の理念として臨床的アプローチを提起している。

　その後、臨床的アプローチは、経営学会の中で学校経営を取り巻く諸課題を解決するために、学校経営研究がどのようにコミットしていくのかを考えていく際のキーワードとなっていく。ただし具体的な方法をめぐっては様々な場面で議論となっていく。特に、2006年度から始まった研究推進委員会では、研究知の産出なくしては、学校改善への支援が成功したとしても教育経営研究の知の産出に結びつかない、という考えの元、臨床的アプローチとの異同を探っている。これに応答して、浜田（2009：109）では、研究と実践との関係を捉える視野と題する図式（図10-1）を提示した。

　臨床的アプローチが重点を置いていた研究コミュニティと学校現場との相互の矢印の行き来（図10-1の③）は、学校内での図の④の行き来があって成立する。したがって、③の、特に学校現場から研究コミュニティに向かう矢印のみ

を期待した「技法」は果たしてあるのか、と浜田は疑問を投げかけたのである（浜田 2009：108-110）。

一方、研究推進委員の武井（2009）は実践者と研究者がかかわる際、教育現場の多様なデータ（言語化・数値化できるデータと、校長・教職員の人柄や学校の雰囲気といった感覚的な情報）をどのように扱うのかが問題となることを指摘した。臨床的アプローチは学校現場と研究コミュニティの双方向的な知の交流を問題としたのに対し、武井は研究者の持つ暗黙知と形式知の往復関係を前提とした研究知の生産の在り方を問題とした。

２．実践推進委員会の活動

日本教育経営学会ホームページでは、学校の自主性・自律性の確立を目指し「学校管理規則参考案」の作成・公表や、「学校管理職の養成・研修システムづくりに向けて」の公表を行ってきた歴史が示されている。その上で教育経営の実践に対する貢献を学会活動として正式に位置付けてその内容を確かなものとするため、2006年実践推進委員会を設置したと記載している。より具体的には、日本教育経営学会の紀要第50号（2008：205）に示されているように「学会として、会員の実践活動——教育経営の実践そのものというよりも、それを支援したり援助したりする活動（それもまた例えば教育委員会による学校への助言指導や教職員研修のように教育経営の中に組み込まれている場合もある）——を推進する」ねらいがあった。このねらいのもと、学校経営の自律性確立に向け、それを担う学校経営者、校長の職能とその行動規範・基準を明らかにすることを目指し、2009年には「校長の専門職基準」の策定に至った。

「校長の専門職基準」は、第３期実践推進委員会まではその改訂や活用に焦点を当てて取り組んできたが、第４期からは、「学会としての教育経営の実践者あるいはその専門団体との組織的なパートナーシップの推進による研究と実践の相互交流的発展を図る」とし（藤原 2017：153-154）、2017年の学会大会においては管理職サロンの試行、外部団体との連携の模索が続けられた。

当時の会長の浜田は、上記のような外部団体との連携にこだわる理由について、「学校管理職を『教育専門職』の系統に位置づけて、その土台となるべき専門性の内実を保障すべき」（浜田 2019：160）と説明した。教職に対する政策的な統制が強くなっていく中で、専門性の保障が重要であるとの強い思いがあってのことである。続く第５期では、各都道府県で教員育成指標や校長に関

する育成指標が設定される状況を受け、教職大学院における学校管理職等のスクールリーダー教育の基本的な構成原理の検討、プログラム開発を命題とした。

以上のように、実践推進委員会としては、経営実践を推進することが企図されていた。その方法として、管理職の専門職性の構築や向上に資するために、専門職基準の策定や各関連団体との議論やそれを受けての学会での議論の場を設定してきたと理解できる。

3．小括

以上検討してきたように、日本教育経営学会では、研究知と実践知、研究者と実践者との関わりはそれぞれどの様な関係性を持ちうるのか検討がなされてきた。いずれにおいても、その時代の要請や選択肢の中での最適解を模索していたと考えられる。

一方で、学会が実践者として想定していたのは、学校管理職や、ミドルリーダーであり、これに関わってか、これまで紀要において掲載されてきた「実践事例」においては、おもに学校経営課題を主題とするテーマとなってきたと推察される。ただし今日の教育課題の複雑さ、多様さを鑑みれば、「教育経営の実践事例」を捉えようとするとき、いかなる実践のありようがあるのか、現在の状況を踏まえた上で、改めて考える必要があるのではないだろうか。

「教育経営の実践」というとき、様々な実践者が想定できるはずである。冒頭に記載したように、今、一人一人の教師は孤立（感）を抱えている。こうした教師の職員室の場づくりも教育経営の実践に含まれる。また、不登校児童生徒が増大する中で、NPO 組織の実践事例は非常に重要であろう。さらに、海外の教育事例は、気づかずに前提としている政治と教育のありようについて思考を深める素材となる。こうした様々な実践事例を交流する場として、学会の役割があるのではないだろうか。

第4節　学会の実践
——研究の関係議論を踏まえて今改めて大切にしたいこと

1．目的論を問うことで新たな価値を創出する場の必要性

先に確認してきたように、近年の紀要においては、実践事例に対して、「これまでの研究との関連」、「分析・考察」を投稿者に求めてきた。しかし、これ

らを追究していくことは、実践事例にも研究の枠組みを求めることになり、紀要の区分としての研究論文と実践事例との区分を曖昧にすることとなる。結果的に区分の分岐点は、自身が直接的に実践を行ったか、否かのみになるだろう。

　昨今の教育関連学会では、研究と実践が比較・対置され議論される傾向にある。その中にあって教育経営学は、1960年代の成立時、「単に学校教育の諸問題を分析するだけでなく、分析した結果どうすればその問題を解決できるかという実践的側面を重視する」（久高 1992：7）ことを志向した。それまでの学校経営研究が、教育法規の解釈と運用に傾いていたことに対し、学校組織の構造や職務遂行の過程、また学校で働く教職員の行動へと関心を向ける意義を見出していたからである。ただし元兼（2024：3）が述べるように時代の制約として、理論を基礎、実践を応用と序列化する考え方が強かったことも否めない。

　一方で、現代の解釈として柏木は、本書第13章で詳述するように、実践とは、「世界の変革を目指す連帯と抵抗の中で人間性を回復するプロセス」（142頁）と捉えたうえで、「実践知あるいは〈わざ〉とされるものに従来の理論や哲学が寄与しており、それらなくして知や〈わざ〉が立ち現れるわけではない」（144頁）と述べる。この解釈に則れば、今日、理論か実践かといった分断は本質的な議論ではないと考えられる。

　そもそも日本教育経営学会では短絡的な点に着目してのみ「実践事例」という論文投稿のジャンルを作ったわけではなく、学術的な研究を、いかに教育現場で生起している課題に連関させ、学校・教師・児童生徒への正の影響をもたらしていけるのか、を考えていたはずである。だからこそ、折々に「研究」と「実践」との関係を見直す課題研究部会や実践推進委員会の創設がなされてきたのである。こうした見方をすると、図10 - 1で描かれた研究と実践のありようは、現在であれば、それぞれが独立して成立するというよりも、時に影響を受けあう場として描かれてもよいのではないか。

　このように考えるとき、理論と実践といった軸で分けるのではなく、どのような目的論の元で教育の営為を捉えているのかを議論できるような場が求められるのではないかと考える。ビースタは、教育は目的がなければ構成できないと述べている（ビースタ 2024：35）が、例えば、筆者も大学で教鞭を執る立場であり、どのような目的の元に教育を行うのか自ら設定できる立場にある。一方で教職課程コア・カリキュラム等々の政策方針、所属大学や地域（学生の就職先）の要請、さらに同僚が意図する目的論を、全く無視することはできない。

こうした外的環境は、達成感だけではなく、葛藤や困難、疑問を生むこともある。しかし、なぜ別の目的論の元で教育実践を行うのか見聞きする機会によって、互いの葛藤や困難を共有すること、さらには教育に関する価値観の拡がりから、目的論の見直しに至ることがある。筆者の例で言えば、学会での研鑽や、学内で開催される FD の他、学生が実習に訪れている施設等での会話があてはまる。しかし、FD については必ずしも目的論を問うような議題になるとは限らないこと、施設等での会話については、学びは副産物であって、そのための場ではないことが課題である。その点、例えば日本教育経営学会の目的には、「教育経営に関する諸般の研究を促進し、研究の連絡、情報の交換を図ること」が掲げられている。様々な教育経営・学校経営の実践事例について、目的論をふくめ議論し、互いの価値観を更新していく環境が必要ではないだろうか。

２．教育経営におけるアクターの多様性認知

　上記の目的論を含めた議論をする上で、忘れてはならないのは実践の行為者となるアクターの多様性を認知していく必要である。

　先にも述べたように、例えば日本教育経営学会が主に連携を取り結んできたのは、一教諭というよりは校長・教頭などの管理職や、ミドルリーダーであった。しかしながら今こそ教諭もふくめた教育経営を展開していく必要があるのではないだろうか。なぜなら昨今の教師が抱える孤立感や閉塞感は教育経営にかかわる問題でもあり、教職専門性に関わる問題でもあると考えるからだ。そもそも、いわゆる一条校以外の教育機関も、本来教育経営の主体に位置付いていると考えられるが、そうした視点も十分とはいえなかった。これまで射程には入ってこなかった様々な実践者の参加のもと、教育経営を行う中で見出す葛藤や課題、目的について議論する必要がある。そうすることで、各々の実践に関わる価値観の更新ができるのではないだろうか。こうした場をイメージしたのが、図10‒2である。研究コミュニティも教育実践も、教員養成・研修現場も、かけ離れた場所にあるのではなく、基本的に重なり合っている。各々の場で生起する知もあれば、重なり合う場で生み出される知もある。それらは絶えず行き来をしている。そうすることにより、社会を変革していくという意味での実践が成り立っているのではないか、と考えた（詳細は第13章を参照のこと）。

　社会が多様化する中で、それまで自明とされてきた価値観は変化を求められることになる。日々の実践の中に正解はなく、常に葛藤がつきまとう。そうし

第Ⅱ部　GRP（good report of practice：実践の良い報告）の在り方を考える

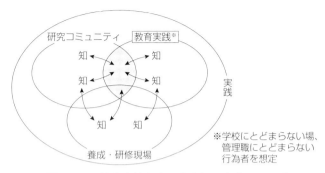

図10-2　社会変革を生み出す知の交流イメージ

た葛藤や困難を一人で受け止めていくのは健全ではないだろう。一方で、葛藤や困難を感じず、価値観の更新がないまま誤った方向に進むことは避けなければならない。しかし、図10-2のような様々なフィールドが互いの知を行き来できる場が構築されていけば、個々のアクターの孤立や思考の偏りを解きほぐすことができるであろう。そして、価値観の更新から新たな実践の創出や改善へと繋げていくことができると考える。こうした場において、研究者であること、実践者であること、自らが直接的に実践しているか否か、などの垣根を取り払い議論することが、現代においては大切なのではないだろうか。

　　［謝辞］　原稿執筆に関して実践推進の委員の先生方からは折々に貴重な助言を頂いた。深く御礼を申し上げたい。

注
1）若手教員の中には、すぐ隣の同僚（先輩教員）に、ちょっとした疑問ですら聞くことをためらうと聞いたことがある。教育のDX化が進み、便利になる一方で、対面でのコミュニケーション不全が起きている。具体的な事例は、教育科学研究会編『教育』944号（2024年8月号）の特集1を参照願いたい。
2）日本教育経営学会「目的と沿革」〈http://jasea.jp/about/purpose/〉2024年08月26日閲覧。
3）紀要第50号までについては、第50号に掲載されている紀要目録を参照して、現在の「教育経営の実践事例」の掲載に至るまでを追った。また、掲載の背景をさぐるため、まえがきを参照している。
4）ただしこれは研究論文の投稿要領の見直しに伴って掲載されたのだと推察される。
5）活動報告が記されている紀要は第44号〜第46号である。

参考文献

安藤知子（2023）「論点提示：実践事例の多様な扱われ方を整理する」日本教育経営学会第63回大会実践研究フォーラム資料、未刊行。

小野由美子・淵上克義・浜田博文・曽余田浩史（2004）『学校経営研究における臨床的アプローチの構築——研究—実践の新たな関係性を求めて——』北大路書房。

久高喜行（1992）「第1章 教育の経営に関する基礎概念」『教育経営』ミネルヴァ書房、1-16。

児美川孝一郎ほか（2024）「特集1 『危機的状況』のいま、語りと希望を生み出す職員室へ」教育科学研究会『教育』944、4-53。

実践推進委員会（2008）「実践推進フォーラム」『日本教育経営学会紀要』50、205。

曽余田浩史・小野田正利・金子伊智郎・淵上克義・松本ルリ子・浜田博文・藤原文雄・小野由美子（2003）「課題研究報告Ⅱ 学校経営研究における臨床的アプローチの構築(2)——学校改善過程に関する研究事例を通して——」『日本教育経営学会紀要』45、176-211。

曽余田浩史・天笠茂・小野田正利・小野由美子・浜田博文（2004）「課題研究報告Ⅱ 学校経営研究における臨床的アプローチの構築(3)」『日本教育経営学会紀要』46、155-176。

武井敦史（2009）「教育経営研究における研究の課題と克服の方向性——質的アプローチにおける課題を中心に——」『日本教育経営学会紀要』51、119-123。

中内敏夫・川合章編（1974）『日本の教師』明治図書。

浜田博文（2009）「『臨床的アプローチ』の成果と課題——研究知の算出を中心に——」『日本教育経営学会紀要』51、108-110。

浜田博文（2019）「実践研究フォーラム 日本教育経営学会会長として——専門職団体との連携に向けて——」『日本教育経営学会紀要』61、159-162。

ビースタ、ガート（2024）『よい教育研究とはなにか』著亘理陽一・神吉宇一・川村拓也・南浦涼介訳、明石書店。

藤原文雄・露口健司・武井敦史（2010）『学校組織調査法』学事出版。

藤原文雄（2017）「実践研究フォーラム 総括」『日本教育経営学会紀要』59、152-157。

元兼正浩編（2024）『実践の学としての教育経営学の探究』花書院。

山崎保寿・佐古秀一・天笠茂・浜田博文（2002）「課題研究報告Ⅱ 学校経営研究における臨床的アプローチの構築(1)」『日本教育経営学会紀要』44、171-196。

（石﨑ちひろ）

第Ⅲ部

実践事例の記述から
教育経営研究へと展開する

第11章

実務経験者としての実践の捉え方と記述

　現在の教育改革の方向は、21世紀における生徒に求められる資質能力の育成を中心に行われている。教育経営もその中で、教育環境という視座において変革が求められている。

　筆者は高等学校の教諭として、教科数学を担当しながら、担任、学年主任、教務課長、管理職として学校現場を経験してきた。大学の専攻は教員養成学部ではなく工学部である。修士課程を経て民間企業の開発研究部に8年間勤務した。業務を通じて人間の発達に興味を持ち教員になろうと思った。教師となり教育活動を行い続け管理職になったころ、自分の今までの経験のみでなく、学校経営はもちろんのこと教育学全般について深く学びなおすことの必要性を感じ、大学院修士課程・博士課程にて教育学についての知識・技能と実践研究等について学んだ。高等学校を定年退職後、大学において教職課程の科目を担当し教員養成にもかかわってきた。

　教育現場では時代の変化に伴う教育に対する要請等に種々対応し、また大学院等における学術的な環境を経験した者として、今日における教育実践についての考えを述べていく。教育経営・教育活動を行うにあたり常に念頭においてきたことは、① 教育への使命感、生徒（人）が成長することを願う情熱、② 思い込みなどを捨て、まっさらな目で現状を見て、真実・本質をつかもうとする、③ 一人では対応できないので他の教師や地域の方など関係者を巻き込む、④ 自分の意見を持ちながら他者と議論し、最後は客観的（自分本位でない、一般的に理解される）に判断する、⑤ 関連する情報や困り事を流し教師に積極的に提案をしてもらう、などである。当たり前のことであるが、言うは易し、行うは難しである。どの実践においても程度の差こそあれ常に心掛けてきたつもりである。いうまでもなく、教育は状況により異なる。これゆえに筆者の考えや経験したことが、すべてを網羅するとは到底考えてはいない。しかし、1つの例として筆者の教育経験やそこから出た考えが参考になれば幸いである。

　本章を進めていくにあたりキーワードとしては、「不確実」、「自律性」、「複

雑性」、「多様性」、「状況」、「限定」、「関係付ける」が考えられる。「不確実」な時代と言われ、その時代の中で従前にもまして「自律性」が必要とされている。その中で教育活動を「実践」してく上で直面する「複雑性」、「多様性」を含んだ「状況」をくみ取り、教育の目指す方向に近づけるように対処する。その時にはある「限定」を受けながら自分の経験と他からの支援などを「関連付け」をしながら最適な対応を見つけ出し実行していくしかないのではないか。

第1節　時代的な変化

1．教育行政の転換と学校教育に求められるもの

　教育の目指すものとは、「人格の完成を目指し、社会的資質・能力を育成し、将来において社会的に自己実現ができるような資質・態度を形成していくための指導・援助であり、個々の児童生徒の自己指導能力の育成を目指すもの」であると考えられる。これの実現のために教育行政は、学習指導要領を中心に多くの取組を行ってきている。その方向は時代の社会的な変化によるところも大きい。21世紀の社会は先の読めない「不確実」の時代と呼ばれている。

　我が国でも、21世紀を前にして、中央教育審議会が1998年9月に、答申「今後の地方教育行政の在り方について」を提出した。その中で、「教育改革の成否は、各学校と各地域が教育改革の理念と目標を踏まえて、実際にどのような取り組を行うかにかかっている」と述べている。このために、「学校の自主性・自律性を確立し、自らの判断で学校づくりに取り組むことができるよう学校および教育行政に関する制度とその運用を見直すことが必要である」とまとめている。これは、国家の教育行政が計画的に管理する手法から、学校や教師が自律的に管理する手法への転換ともいえる。つまり、誰もがこれが答えですと言えず、確固とした方法も示すことができない、自分で学校の状況を考え学校自らの判断を重視することが求められるようになった。学校の特色化を求められ、それを推進する組織についても自律性が必要となる。これは教育の方向性を十分理解して、それぞれ教師の専門性、個性を最大限に発揮するとともに一致協力して学校運営に積極的に参加していく「自律的な教師」も求められる。

2．20世紀成長社会から21世紀成熟社会への転換

　このような変化に対して、どのような視点で対応していけばよいかを考えて

みる。藤原（2014）によれば、ものの見方、捉え方が時を同じくして1998年ごろから変わり始めたと指摘している。それは、「20世紀成長社会」から「21世紀成熟社会」への転換である。「管理」としての「正解主義」から「マネジメント」としての「修正主義」への転換ともいえる。これは21世紀が不確実な時代と言われ、あらかじめ目標・過程がわかっており、それを達成するための「管理」から、不確実な目標に対しての「マネジメント」としての「修正」を繰り返し、目標に近づける方法といえる。社会の転換のイメージ図を、藤原（2024：21）の図を手掛かりとして再整理し図11‐1に、また各時代の特徴を表にして、表11‐1にまとめる。

20世紀までの管理は、ゴール（正解）がわかっているものに対しての対応に力を注いでいた。その正解に向かい、どのようにたどり着くか、着けるか（情報処理）に力点を置いていた。この力はあらかじめ課題解決の方法がほとんど

図11‐1　社会の転換

表11‐1　各時代の特徴

項　目	管理（20世紀型）	マネジメント（21世紀型）
何に対して	正解が明らかなもの 確定されているもの	正解がわからないもの 不確実なもの
考え方 進め方	正解主義 マニュアル通り 間違えずに正確に	修正主義 最適解 状況に応じて
必要な力	明らかにされた知識 与えられた事をきちんとやる力（情報処理力）	知識・やる力＋知識をつなげて最適解を見つける、臨機応変な対応力（情報編集力）（つなげる力）
イメージ	形にはまった 決まり切った 上からの命令	柔軟にやる 目標を共有してみんなでやる 創造的
たとえ	ジグソーパズル	レゴ

分かっており、それを正確に確実に行うための大切な能力である。情報処理能力は今後とも必要で重要な能力であることは間違いない。しかし、教育の目的を達成するための方法が、多様性や複雑性のために不確実な場合には、いろいろな情報をつなぎ組み合わせて解決に近づける力（編集能力）が必要になる。「管理」の手法が時代遅れというわけではなく、多様性、複雑性に対処するためには、「マネジメント」の手法で対処していかなければならない場面が多くならざるを得なくなった。

　これを行うためには、求めるものの本質に向かい合い真実の状況をくみ取る事が必要になる。表面的に表れた状況の奥を考えそれに対して活動していく。できる限りの情報を集め、関係者で「ああでもない、こうでもない」とアイデアを出し合い（情報を編集する）、最終判断（納得解、最適解を見つける）を行っていく。これの繰り返しでしか、対応ができないのではないか。

第2節　学校現場での教育活動を通しての「実践」の捉え方

1．実践の捉え方

　現在の教育現場で多く行われている活動について教育現場での経験を踏まえ本章の主題である「実践」についての捉え方を考えていく。その捉え方の基本は、すべての教育活動を「実践」と呼んでよいであろうかということである。この点について本章では、教育活動を ① 行為、② 経験、③ 実践に分けて考えてみることにする。

　それでは、日頃の教師の教育活動について考える。その教育活動には、日常的に必ず行わなければならない行為がある。これは学校での教育活動をするうえで必須となるものである。例えば出席確認などがそれに該当すると考えられる。次に活動が単に行為として終わるものではなく、それが「経験」として教育活動の進展に生かされ蓄積されるものが存在するのではないか。これが教師の判断や選択をする際に生かされ、教師の実践力の伸長につながるものと考えられる。中村（1992）によれば、「われわれ一人ひとりの経験が真にその名に値するものになるのは、われわれがなにかの出来事に出会って、① 能動的に、② 身体をそなえた主体として、③ 他者からの働きかけを受け止めながら、振舞うこと」と述べている。つまり、当事者として主体的に事象に対して関係者と協働しながら振舞うことが単に行為に終わらず、経験を通した学びとして成

立する。さらに中村（1992）は、「経験の在り様を突き詰めていく時、そこに、『自己と現実』、『私と世界』とがもっと厳密に関係しあう根源的な経験の形態として認めざるを得ない」と言う。それは経験を重ねるなかでそれをとおして、われわれの自己が外部との関係により自己としての姿（自分らしさ）を明確化することができるということである。この経験は、各教師の知（形式知、暗黙知など）として積み重ねられ力量形成が行われると考えられる。

　それでは「実践」とはどのようなものであろうか。中村（1992）は「実践」について、「ひとが具体的な問題の個々の場合に直面するとき、考慮に入れるべき要因があまりに多いうえに、本質的にいって、それらの要因が不確かである」と述べている。また、「無数の多くの選択肢がある中で、多かれ少なかれ、その時々に際して決断し、選択しなければならない」ことを特徴としていると述べている。さらに、「実践は、ある限定された場所において、限定された時間のなかで行われる。決断や選択にしても、それが全く自由に、なんら拘束されえずにおこわわれるわけではない。個別的な社会や地域のような、ある具体的な意味場のなかで、それらの限定をうけつつ、現実との接点を選び、現実を拓くのである」とも述べている。つまりある状況のもと、選択の幅を限定された状態で、その課題に対しての最適である決断・選択を行っていく行為が「実践」であると考えることができる。その決断・選択は、これまでの経験、他者からの援助や教育理論等をよりどころにして行われる。実践は不確実であり正解が確定されないため、決断・選択（実践）には苦悩や葛藤が伴うのではないか。課題解決、目標達成に取り組み、その結果を振り返りさらに必要な修正としての実践を続けていくことでしか対応できないのではないか。多様性、複雑性による不確実性を受け入れ、現実の状況をくみ取り、教育の目指すものに向かい固定された枠にとらわれず柔軟に修正していくことが大切であろう。

２．実践の具体例

　前項について筆者の実践を振り返りながらみていく。まず学校づくりにかかわった実践である。都市部から離れた周辺普通科高校での取組である。赴任をしたのが、1998年の中央教育審議会答申と同じころである。地理的条件とあまり特徴がない普通科高校として定員割れの状態が続いていた。なかには学習意欲に乏しい生徒も入学してきた。筆者の学年主任・教務課課員、教務課長としての数年間の取組である。学校に求められる使命は何かを洗いなおそうと過去

の進路先、現在の進路希望などを調べた結果、大学進学（国・公立大学進学を含む）から専門学校進学、就職など幅の広い生徒がほぼ均等に存在していることが分かった。地理的に都市部には通学がしにくいために地元の中学校からの進学者が多かった。このような学校での２つの実践を述べる。

　１つ目は学年主任の時である。このような多様な生徒に自分の進路を自分事として決定しそれに向かい行動し卒業してほしいと願った。３年間をどのように成長させようか考えた。剣道の「守破離」になぞらえ、まず高校生として身につける基本（剣道での基本（守））を１年生で、そこから自分らしさを見つめる２年生（破）、そして社会に向かい自分の進路選択を実現する３年生（離）を年度の到達点としながら学年の先生方と進めた。生徒が自分を見つめることは大切であり、高校生としての自己アイデンティティの確立を目指す手助けを行った。生徒は平成元年の学習指導要領（間違った生徒中心主義による学力低下が指摘された）により学習を行ってきており、自分と周りを考慮し自分の取るべき行動を決める力が弱いと感じた。真に自分を見つめ自分の特徴を生かし自分で進路を決定する力を伸ばそうとした。２年生の３学期末には、自分の進路について語る面接（面接試験形式）を実施した。なぜその進路にしたのか、それにより自分はどのように社会とかかわるのかなど質問した。多くの生徒に社会に貢献したい意欲が見られた。自分を意識し自律的な行動をとれるようになってきたと感じた。また卒業式で卒業生の合唱を企画し感謝の意を表したいとの申し出があり式次第に盛り込んだ。多くの決断・選択を学年の先生方から提案いただいたからこそ実現できた実践であり、成長した生徒に助けられた。

　学校づくりでもう１つの実践は、生徒の多様性に応えようと平成10年11年の学習指導要領改訂に合わせた選択科目の拡充とコース制設置を行った。教務課とは別の各教科からのメンバーでプロジェクトとして別組織を作った。メンバーの多くは意欲的に取り組んでくれた。よいアイデアも地理的条件や施設設備等の限定をうけて実現できなかったものもある。職員会議等において提案を行っていった。筆者を含め数人が中心で多くの提案をしていく中で、ふと学校全体の教員がついてきていない、他人ごとになっていることに気がついた。また当然新たな取組に反対する意見も出ることもあった。悩んでいる時に「何かを行うときには２割は賛同してくれる。１～２割は反対する。あと残りの６・７割のどちらでもない人をどう巻き込むかが大切である」とラジオから流れた。以後提案するときに思いや目的を語り、より丁寧に説明するように心がけた。

また、この実践が行えたのは条件、状況にも恵まれたからだと考える。管理職の協力（助言やカリキュラム編成時に個別に教育委員会に出向いての相談の場面設定など）や比較的若い教員構成などがあげられる。こう考えると当該実践が行えたのは、実践を行っている場の影響も大きいと考える。場はそれぞれの実践で異なり、これが実践を行う場合の複雑性に伴う不確実性に挑戦することになる。すべての実践において状況が同じではなく、コピーとしての実践はありえず、その状況においての経営資産を認識しながら行わざるを得ない。

　次に大学院にて学んだことにより教育活動を見る視点が広がった例である。管理職に任命された（2004年）頃から学校評価制度、教員評価制度が本格的に導入された。学校の説明責任や教員の資質能力の伸長などを目的として行われた。それまでも学校では年度の反省は行われていたが、それを生かしきれない部分はあった。学校評価制度により改善を考える機運は高まり効果が認められる面もあった。しかし教員評価制度も含め学校が評価を具体的にどのように行えばよいか決められないなどの理由により全国で急速に実施されるには至らなかった。これに対して学校評価制度は2008年に文部科学省がガイドラインを、教員評価は教育委員会で県全体の統一的なフォーマットを導入した。これに関して管理職仲間では自分の学校の特徴的実践を反映しにくくなるとの意見を交わしたことを思い出す。これは、評価の観点を一律化するものであり、学校・教員の実践活動の多様性、複雑性を評価する視点を矮小化することとなったと考える。このようなこともあり、この評価に違和感を持ちこれをテーマとして2008年に修士課程に2011年に博士課程に入学して大学院での学びを始めた。学校・教員評価に対しての学者らの多様な見方・意見があること、制度の成立過程や狙いなどを学ぶことができた。これにより単に制度として見える部分のみでなく本質的なことを理解できるようになった。これにより教育行政を広い視点で見られるようになり、当該校での実践を行う際に視野が広くなり決断・選択が楽になった。これはその後のアクティブラーニングを中心とする学習指導要領の改訂の際にも役立った。行政以外からの情報も多く教師に提供した。これにより校内での自主的な勉強会などの開催にもつながったと感じている。行政施策の奥を理解することの重要性を感じた。また施策は対象が広いためにどうしても平均値的、一律的にならざるを得ない。それを自分の関わる実践の場でどのように運用するかも大きな課題でありこれを行うことが「自律した学校」を作ることにもなると考える。

第3節　実践の分類とその記述

これまで教育経営の時代の変化に伴う変遷、実践の捉え方、実践の具体例について述べてきた。ここでは実践を記述するために、実践についての整理を試み、それをもとにして実践の記述について考えてみる。

図11-2に第Ⅱ部での議論を踏まえつつ、筆者なりの理解での実践の分類を示す。実践全体を大きな円で表し、その大きな円を4つに細分化した。まずは一番外側に実践行為が存在する。その中で実践の行われた状況や実践行為に至った過程、最終的にとった決断・選択とその後の経過等を記録したものが実践記録である。他の実践と状況が異なり特殊な場合の記録や実践の成果がこれまでの実践に比して効果的なものなどは積極的に公表することが望まれる。実践行為を行うときの決断・選択は貴重な資料として蓄積しておく必要があると考える。次に実践研究は実践記録の内容に研究としての厳密さを加えていく。実践研究には、論理の飛躍やあいまい性を排除することが要求される。もし同一条件（すべてが同一な状況）であるなら、再現性を示すことのできる解析方法などが望まれる。さらに理論は、取り上げた実践項目に対しての本質を見出し一般性を示したものである。このためには、実践の複雑性や多様性をいかに処理して縮減し一般性を導くかがポイントとなる。実践行為から状況や実践過程の詳細な記録をへて研究としての厳密性を持ちさらには一般論としての理論に向かう方向がある。

実践を包含的な関係より検討したが、さらに他の視点として「複雑性・適応性」と「単純化・科学的厳密性」および「現実臨床の場」と「学術・理論」の2軸を用いて分類化を試み5つの類型に分けて考えてみる。5つの類型の位置関係のイメージ図を図11-3に示す。

第一に、①実践単発型（特定課題追求）である。実践は目指すものに対してのずれを感じ課題点を明らかにして解決方法を決断・選択し実施する。この類型は単

図11-2　実践の分類

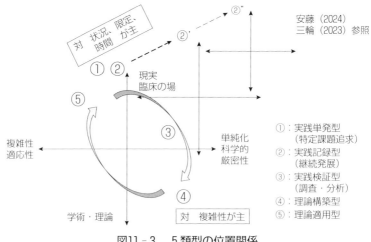

図11-3　5類型の位置関係

独の実践を想定している。その実践にも前提となる現状（複雑さ・限定）が必ず存在する。その現状に対してどのような決断・選択をしたのかが実践としての価値がある。そして1つの実践においても、のちに詳細に記述する、③実践検証型、④理論構築型への発展も考えられる。

　第二は、②実践記録型（継続発展）である。これは目指すものに対してのずれを解消するための実践を継続的に行うものである。1つの実践結果に省察を加えさらに実践を行う。この実践は、新たな取組など（新たな学校づくりなど）の大きな目標に向かい省察を繰り返しながら、目指すものに近づくように実践を積み重ねたり組み合わせたりする開発型の実践である。この実践の原動力として考えられるものは、教育の目的を実現しようとし現状のずれを修正する取組であり、教師をはじめとする関係者の生徒の成長を願う強い思い（使命感）であろう。この実践での重要な点はどのような状況に置かれどのような限定がありどのように対処したのか、また時間的にどのように修正していったのかの過程など時間的な要素も大切と考える。

　類型①実践単発型と②実践記録型については、実践の現状の詳細な記述が求められ、どのような状況（複雑さ、限定など）の中で目指すものを達成するために具体的に何を行ったのかを記述する。省察を行い結果にどのような変化があり、それはどのような取組と関係があるかを読者がイメージできるように記述する。また、実践の過程に飛躍等がなく読者にとって具体的にどのような活

動状況の過程をたどったかがトレースできるよう記述を行ことが重要である。

　第三に ③ 実践検証型（調査・分析）を考えてみる。これは実践に研究的要素を導入したものである。実践の有効性を検証することや実践の促進要因、阻害要因などを追求し実践の姿をあぶりだそうとする。そのため検証・分析には科学的な厳密性が求められるようになる。検証には量的な統計処理を伴うことも多い。また、実践の実態を明らかにする（調査・分析）ため、実践を質的に分析する方法が用いられることも多い。現場の実践の様子を観察調査し、現場がどのような状態であるかを分析し描き出すことになる。時には、実践が行われている教育活動の場をモデル化して、要素の因果関係などを明らかにすることも行われる。量的手法として適用した解析方法の選択した根拠を記述する必要もあり統計的な信頼性についての検討も大切である。ただし統計処理の目的を意識し何が明らかになるのかに留意し、統計処理をしたからすべての結果が信頼できるとの思い込みに陥らないように注意する。処理の対象となるデータは質問紙による方法も多く用いられるが、その質問紙の項目についても対象とする実践についての信頼性、妥当性が確保されているか留意する。質的手法では、解析の対象となるものはインタビュー等の内容や現場での観察などが多い。解析対象の現状（複雑さ、限定等）などを丁寧に記述しどのような状況下での解析かを記述する。解析方法の選択理由や解析過程も読者にわかるように記述をする必要性がある。また質問紙調査と同じ信頼性、妥当性にも留意する。実践の姿をあぶりだすことは多くの留意点が必要となる。

　第四に、④ 理論構築型が考えられる。多くの実践から共通する点などを抽出して教育活動の本質をあぶりだし、多くの現象の基本となるものを明らかにする。そこには、科学的な普遍性、論理性、客観性が少なくとも求められてくる。この作業において、複雑な現実から、共通でない影響が少ない要素が削り取られることにより一般性も担保される。この場合に気を付けなければならないことは、削り取る要素が本質に大きな影響を及ばさないかを見極めることである。現象を数学的に記述できる可能性が高い自然現象とは違い、社会現象の場合の見極めは難しいと同時に要素間の因果関係が明確にできない場合も多い。

　第五に、⑤ 理論適応型である。適用範囲が広い一般的に認められている理論を取り組んでいる課題に適用して新たな知見を得ようとする。適用しようとしている現象と適用理論との妥当性が要求される。適用しようとしている実践課題には、多くの複雑な要素が含まれており、それらの要素をどのように適用

した理論に付け加えていくかが重要となる。

　また、実践を5つに類型化したが、これらがそれぞれ独立しているとはかぎらず、実践を行っていく中で、それぞれの類型を往還することも考えられる。実践の記述とは、教育活動をどの視点（類型）から描かれているかの違いとも考えることができる。

　以上から、実践を記述する場合大きくは2つに分けられると考えられる。それは実践自体の記述が主体か、研究的な要素が入り厳密性が要求されるものかである。前者は①②⑤の類型と考えられる。これは実践の状況（複雑性、多様性、限定など）を詳細に記述する必要がある。第2節の筆者の実践例の記述は現象の羅列に過ぎない。実践としての判断・選択に至る過程や実践たるキモの判断・選択の根拠が記述不足である。この①②⑤の場合に実践の記述に要する紙面は確定しにくく規定しない方が良いと考える。これに比して後者の③④は論文の記述の作法（フォーマット）に従えばまとめやすい。しかし実践全体が見えにくくなることも考えられる。また記述の訓練・経験が必要な部分もあり、分析方法、論の進め方など経験が少ない記述者（現場の教師など）にはハードルが高い。これらについて、大学、大学院での学びの中で経験を積むことや経験者のアドバイスを受けやすい環境、機会を創ることが重要である。

第4節　これからの教育経営について考えること

　良い実践（成功事例のみでなく失敗事例も含め）を記述するためには、良い実践を行うことが必要である。その視点で考えたことを述べたい。

　よい実践を行うためには、「自律した教師」である必要があると考える。[1]「自律した教師」としての学校経営へのかかわり方であるが、教師は誰もがそれぞれの立場で経営者（リーダー）として行動する必要があると考える。校長の専門職基準（2012）が提唱されているが、その7項目は校長のみに当てはまるのではなく担任などの業務にも置き換えられる。扱う事象の範囲等が違うだけでありこれらの求められる能力を教師全員が目指すことで、誰でもがプロジェクトのリーダーとして行動する「チーム学校」を実現できると考えられる。教師が学校の中でそれぞれの立場で経営を意識した経験を蓄積することを期待する。そして取り組んだ実践を公表、議論する交流の場、機会をさらに設けることにより、実践のレベルが向上するのではないかと考える。また、浜田・諏訪

（2024）は、「校長の実践を支える要因として『教育行政指針』と『専門職的交流』が重視され『学問的交流』と『情報メディア』が意識されておらず自律的な判断行動が抑制される」と指摘していることが気にかかる。校長職がより多くの実践を支える要因に触れられる機会、方策が望まれる。

また学校評価、教員評価制度も一律的な部分が多く形骸化している面もある。学校活動の効果的な実践活動は一律な年度単位の評価では表しきれない。当該学校、当該教師の評価表には表しえない実践を記録しておくことが大切であると考える。評価制度とは別のポートフォリオ的な評価も必要ではないか。

次に、学術面からのかかわりである。大学等の教員には渦中に入るよりはコンサルテーション的立場、かかわり方として俯瞰的な立場での考察や分析方法等の提案など現場の教師に不足しがちな部分に、学びの専門家として伴走することを望む。実践についての黒子であり、また実践研究発表を教育現場の教師らとさらに行ってほしい。多くの教師や教育に携わる方が学術面での経験機会を持ち、広く俯瞰的な観点で決断・選択を行い教育活動がさらに活発になるよう期待する。

注
１）　本書では実践者を教師に限定していないが、ここでは筆者が教職経験を持ち学校における教師の実践を主として考えてきたため、教師として表現している。

参考文献

安藤知子（2024）「論点提示：実践事例の多様な扱われ方を整理する」『日本教育経営学会紀要』66、162-164。

中村雄二郎（1992）『臨床の知とは何か』岩波新書。

日本教育経営学会（2012）『校長の専門職基準（2009年版一部修正）解説書』。

浜田博文・諏訪英広編著（2024）『校長のリーダーシップ』学文社。

藤原和博（2014）『「創造的」学校マネジメン講座』教育開発研究所。

三輪健二（2023）『わかりやすい省察的実践』医学書院。

（一之瀬敦幾）

第 **12** 章

学術的貢献と学校現場への貢献の
双方を目指す実践事例の論文構成例

　本章では、教職大学院における現職院生や学部卒院生、或いは修了生、さらには学術論文等の執筆を視野に入れる現職教員などが、実践事例に関する論文を記述する際、学校現場への貢献に留まらず、学術的貢献も考慮した論文構成の例を検討する。教育現場での実践を報告するだけでなく、学術的な視点からの分析や考察を加えた論文作成の一例を示す。

　そこでまず、学術的貢献と学校現場への貢献という2つの視点から、実践事例に求められる特性や課題を整理する。次に、教職大学院の理念等に着目するとともに、岐阜大学教職大学院の「開発実践報告」を事例として取り上げ、論文構成や記述内容の一例を提示する。この構成例については、教職大学院生や現職教員が実践の開発に関する研究を構想し、論文として整理する際の1つの参考となることを期待する。また、本章が実践事例に関する論文の質的向上に寄与し、学術と教育現場の架橋的機能の一端を果たすことを願いたい。

第1節　学術的貢献と学校現場への貢献の
　　　　双方を目指す実践事例の課題

1. 教育関連学会が求める実践事例を対象とした論文

　研究者や実践者が集い、特定の分野の知識の交流と発展を促進するための組織に学会がある。学会が発行する論文集に学会誌があるが、教育関連学会の学会誌には、実践事例を対象とした論文の投稿区分として、「研究」を志向したものや「紹介・分析」を志向したものがある。後者については、総じて、特色のある、または先導的な実践の報告や紹介に重点を置き、考察や具体的な提言を含むことが求められている。内容構成については、それ以上の具体的な言及は示されていないが、単なる報告や紹介に留まらず、学術的研究の視点が求められる傾向があり、実践の価値を論理的に示すことが期待されている。また論文の執筆者は、実践への関与が要件となることが多い。

例えば、第10章で詳述されてきたように、日本教育経営学会紀要では「教育経営の実践事例」という区分が設けられており、その目的は「特色ある教育経営の実践事例を紹介・分析する論文を掲載すること」と規定されている。この「分析する論文」に関しては、学術的研究としての視点や手法の適用が一定程度求められ、構成や内容において学術論文としての質の担保が求められるものと推察される。また、論文の執筆者については、「当該実践事例の企画立案または実施に関与した本学会の会員」として、実践への何かしらの関与を求めている。

2．学術的に貢献する実践事例と評価の多様性

学術的な研究活動においては、一般に教育経営の諸事象を研究枠組みに基づき分析・考察し、学術的知見の蓄積を目的とする。また、特に大学関係者においては、実践自体が所与の目的ではない場合もあるが、学校経営へのコンサルテーションや教職大学院の普及・拡充に伴い、実践への関与が強まっている。このため、学校現場における実践事例に関する論文に対しては、実践文脈の解釈や理解、実践の理論化など、各学術的研究者の研究関心や在り方に応じて、意義を見出すことが可能な記述を期待したいところであろう。

ここで着目したい点は、「各学術的研究者の研究関心や在り方に応じて」であり、実践事例に対する認識や評価の多様性である。市川（2018）は、学術的研究者の実践研究の評価において、質的な個人差が極めて大きいことを指摘し、その背景には、新規かつ有効な実践の提案を重視する開発志向と、実践に対する詳細な分析を重視する分析志向の存在を挙げている。また、論文の査読者間のコメントの不一致が、一般的な原著論文よりも実践研究論文で生じやすいことも指摘している。これは、実践事例の査読においても同様の状況が考えられる。

3．学校現場に貢献する実践事例と課題

山﨑（2002）は、実践においては、教育目標・経営目標に対する教育活動・経営活動の効果的な改善を考えることが重要であることを指摘している。学校現場への貢献には、実践の改善やそれを実現する教員・組織の力量向上に寄与する実践的有用性と適切性の担保が求められる。このため、単なる「すぐに役立つ」直接的有用性に関する方法論の記述に留まらず、実践の文脈やプロセス、

背景、葛藤や課題、他者の援用可能性といった間接的有用性を考慮した実践の整理や省察に関する記述が期待される。これらは文脈に身を置く当人でなければ記述できず、実践の立体的な把握や参考点など、読者に多様な示唆を与えるであろう。学校現場に貢献する実践事例にはこうした観点が求められるのではないだろうか。

　しかし、ここで課題となるのは、学校現場に身を置く教職員が学会誌などで学術的研究者のニーズも満たす実践事例を記述する際に求められる研究的力量である。学校現場の校内研究とは異なる研究的力量が必要とされる。特に、分析志向の学術的研究者のニーズを満たすことは難度が高い。開発志向のニーズについても、実践を文脈から切り取り、先行実践や先行研究との関連を記述に織り込むことは容易ではない。また、その力量を身につけて学術的な手続きを記述しても、そこに紙幅を取れば、直接的・間接的有用性に関する部分の記述が制限され、実践を立体的に描くことは困難になり、学校現場への貢献度が低減する問題もある。

　研究的力量の養成については、それを校内研究や教育行政機関に求めることは研修の目的と齟齬があり期待できない。よって、学術と学校現場との接点である教職大学院への派遣研修等など通じて、基礎的な力量の修得が期待される。しかし、共通科目5領域の履修など、教職大学院におけるコースワークの充実を鑑みると、研究的力量の養成は容易ではなく、相応の工夫が必要である。また、修了後に日々の実践や多忙な業務の中で研究的力量を自律的に運用する困難についても、一定の理解が求められよう。

第2節　新たな層の存在と教職大学院における「開発実践報告」

　近年、教育関連学会では、教職大学院におけるスクールリーダー養成の拡大などにより、実務家教員や大学院生、学校現場の現職教員等の会員数が増加し、新たに生じたニーズに対してどのように応答すべきかが、重要な課題となっている。こうした会員構成の変化に見られる新たな層に対して、実践事例に関する論文執筆においても何らかの支援が必要である。

　そもそも教職大学院は、教員養成教育の改善・充実を図るために設置された「高度専門職業人」の養成に特化した専門職大学院である。実践的な指導力と展開力を備えた新人教員、地域や学校において指導的役割を担うスクールリー

表12‐1 開発実践報告の目的と評価の観点

開発実践報告の目的
開発実践報告は、現在の学校や教育実践が抱える実際的な問題や課題をテーマとして研究開発し、その成果を学校や地域に還元することを目的とする。

開発実践報告の評価の観点
① 研究の主題が、学校や教育実践に関する実際的な問題や課題を対象として、その解決に向けた実践を開発するものとなっている。
② 問題意識が明確であり、開発課題が整理されている。
③ 開発課題に対する適切な研究方法が採用されている。
④ 論文の表記が適切であり、論理的に一貫した構成になっている。
⑤ 開発の成果を論文にまとめ、実践として確かな知見が得られている。
⑥ 口述審査において、開発内容を分かりやすく伝達し、質問に適切に答えている。

ダーの養成を目的としている。教職大学院における教育および研究の基本原理は「理論と実践の往還」であるが、高度専門職業人や理論と実践の往還に関する解釈は各教職大学院に委ねられている。

そこで、筆者が所属する岐阜大学教職大学院を事例として、理念やカリキュラムに着目した上で、実践の開発に関する論文構成例を検討する。岐阜大学教職大学院では、理論と実践の往還を通じた高度専門職業人の育成に向けて、ディプロマ・ポリシー等の3つの方針を定め、講義、実習、開発実践報告の3つの科目群をカリキュラムの中核として位置付けている。これらの各要素において、或いは相互の連関を図り、理論と実践の往還を具現化している。

特に「開発実践報告」は、修士課程における修士論文に代わるものであり、実践の企画立案と実施者である大学院生が、理論と実践の往還を通じて個々の研究課題に関する探究の成果をまとめて執筆するものである。**表12‐1**に開発実践報告の目的と評価の観点を示した。研究のテーマは、現在の学校が抱える実際的な問題や課題を対象とし、その解決に向けた実践の開発であり、成果を学校や地域に還元することを目的としている。すなわち、個人的な学習成果に留まらず、学校や地域に還元できる開発的貢献を重視している。カリキュラム上では、開発実践報告に関する科目として、1年次後期から2年次後期にかけて「開発実践基礎」、「開発実践報告Ⅰ」、「開発実践報告Ⅱ」が設定されている。

論文執筆に関する指導については、開発実践報告の目的や指導教員の専門分野等を踏まえ、各指導教員が大学院生のニーズに応じて行っている。開発実践報告の論文構成についても、多様な形式が考えられ指導教員に委ねられている。

130　第Ⅲ部　実践事例の記述から教育経営研究へと展開する

そこで次節では、筆者が大学院生に対して助言している論文構成を、本章で検討する実践事例の論文に関する構成の一例として紹介する。

第3節　開発実践報告の構成例の紹介
──実践事例の論文構成の一例として

学術論文における典型的な構成法として、「IMRAD 形式」が広く採用されている。IMRAD 形式は、序論（Introduction）、方法（Methods）、結果（Results）、考察（and Discussion）の４つの主要部分から構成される。荒瀬（2019）は、IMRAD 形式が自然科学領域において主流であることを指摘している。また、佐藤ら（2013）は、人文・社会科学領域においても「実験／調査型」の研究が優勢であり、IMRAD 形式の幅広い分野での浸透に言及している。

そこで、開発実践報告においても IMRAD 形式を軸とした構成を検討する。ただし、開発実践報告は、課題解決に関する実践の開発とその検証や解釈という、実験／調査型とは異なる特性を有している。そのため、開発実践報告の特性を反映した構成として、「IMPRAD 形式」を提案する。

表12-2 に、IMRAD 形式と IMPRAD 形式の構成を示した。IMPRAD 形式では、方法（Methods）と結果（Results）の間に、実践（Practice）を配置した。実践（Practice）の記述においては、単なる記録や報告に留まるのではなく、序論（Introduction）や方法（Methods）で行われた課題分析とそれを踏まえて構築する開発枠組みの理論的基盤を前提としている。その上で、開発枠組みを実践（Practice）に実装し、結果（Results）と考察（Discussion）でその有効性を検証するとともに、実践の意味を解釈する。

IMRAD 形式で実践を記述しようとする場合、方法（Methods）や考察（Discussion）等に埋め込むことになるが、学会誌の実践事例に関する査読において、「実践が見えない」との指摘を受けることがある。これは、実践に関する直接的な記述が分散し、結果として埋没してしまうことに起因すると考えられる。そこで、本構成例では、実践（Practice）を独立した章として位置付けた。また、質的研究においては、通常、結果（Results）において実践が記述されるが、本構成例では、トライアンギュレーションの研究手法の採用を視野に入れる点を考慮し、実践（Practice）を独立した章として構成した。

なお、このような論文構成の背後にある研究哲学に関する検討については、

別の機会に論じることとする。以下に、論文
構成の具体例と各節における記述内容や留意
点を提示する。ただし、論文執筆に際しては、
ここに挙げたすべての内容を記述する必要は
ない。特に、開発実践報告のような教職大学
院の成果物においては論文の分量に制限がな
い場合もあるが、大学の紀要や学会誌の論文
では、しばしば頁数の上限が設定されている。
そのため、記述内容については、本章を参考
にしつつ、研究目的に応じて適宜判断することが望まれる。

表12-2　IMPRAD 形式の構成

IMRAD 形式		IMPRAD 形式	
I	序論	I	序論
M	方法	M	方法
		P	実践
R	結果	R	結果
D	考察	D	考察
C	結論	C	結論

〔実践事例の論文構成の一例〕

I．序論 (Introduction)

　ここでは、研究の課題や背景を明示し、研究の目的を設定する。まず、社会
的課題、地域や自校の課題、学術的課題について概観し、課題解決や改善に向
けて開発実践に取り組む必要性や意義について言及する。

　社会的課題においては、教育経営や教育実践に関係する社会的な問題や変化、
教育政策などを取り上げ、その課題に向き合う重要性を説明する。次に、地域
や自校の課題について、これらの社会的課題が特定の地域や学校にどのように
影響を及ぼしているか、或いはどのように表出しているか、具体的な問題や課
題を記述する。自校等の状況や問題点を背景に、解決や改善を目指す開発実践
の必要性を明示する。

　その後、学術的課題について論じる。ここでは、既存の理論や研究の到達点
とともに、それらが抱える問題点や現時点で十分に解明されていない領域を指
摘する。特に、社会的課題や自校等の課題に対する理論の適用が不十分である
点や既存の研究が持つ限界を明確にする。これらの課題を示すことで、研究の
必要性と方向性を強調する。

　続いて、研究の目的を明示する。ここでは、特定の教育課題や経営課題に対
してどのような実践を開発し、その実践の有効性をどのように検証するか方向
性を示す。研究の焦点と期待される成果を簡潔に述べる。

　その上で、研究の意義や貢献について記述する。学術的な貢献としては、研
究が既存の理論にどのような新たな知見や視点を提供するかを示し、理論の発

展や深化に対する寄与を論じる。学校現場への実践的な貢献としては、教育現場における課題に対する具体的な知見の提供や他校等における状況に応じた援用可能性の見通しについて触れ、その意義を明確にする。

Ⅱ. 方法（Methods）

ここでは、研究の中核となる開発実践とその検証や解釈に関する方法論を提示する。具体的には、開発枠組みを理論的に構築した上で、それに基づく実践の概要と検証や解釈の方法について言及する。

Ⅱ-1 開発枠組みの理論的構築

まず、開発実践の対象となる学校や地域の課題を掘り下げる。序論で取り上げた課題に関する具体的な状況や困難点を説明する。その際、必要なデータを提示するのもよい。その上で、課題解決や改善に向けて必要とされる開発実践の方向性を示す。

次に、実施しようとする開発実践について理論的に検討し、開発枠組みを構築する。開発枠組みとは、教育経営上の課題解決や改善に向けた開発実践の指針であり、理論的基盤とも言えるものである。具体的には、先行研究の理論やモデル、さらには自身のアイデアを基にして構築され、実際の学校現場への実装を念頭に検討される。開発実践は単なる経験や勘に基づいて実施されるものではなく、理論的検討の成果として構築された開発枠組みを中心に据え、具体的な実践内容が創出される。

そこでまず、課題解決や改善に向けた開発枠組みの構築に資する先行研究を検討する。研究関心に基づき、開発枠組みの構築に参考となる理論やモデルを選定し、その選定理由と要点を示す。また、既存の理論やモデルの限界についても触れ、実践への実装に関する課題や未解決の問題を指摘し、新たな開発枠組みの必要性を示す。

次に、開発枠組みを構築する。先行研究の検討を踏まえ、開発枠組みの構築に有用な理論間の関係性を検討する。これをもとに開発枠組みの構成要素と相互関係を明確にし、構築した開発枠組みを図表等を用いて提示するとともに、その特性を説明する。また、課題意識に基づく独自のアイデアを開発枠組みに統合する場合には、そのアイデアが既存の理論やモデルにどのように関連するかを明確にし、理論的根拠を示して学術的な妥当性を担保する。

最後に、開発枠組みの実装については、構築した枠組みが開発実践にどのよ

第12章　学術的貢献と学校現場への貢献の双方を目指す実践事例の論文構成例　　*133*

うに適用されるか、その方向性を説明するとともに、その独創性や有効性、実践や関係者への影響に関する見通しについて触れる。

Ⅱ-2　開発実践の概要と検証方法

まず、開発実践の概要について説明する。ここでは、実践の全体像や計画を開発枠組みとの関連性に留意して示す。具体的には、実践の対象校や対象者と選定理由、関係者、プログラム、活動内容や手法、実施期間などを説明する。これにより、開発実践の設計や内容が事前に設定された開発枠組みとどのように結びついているかを説明し、理論的背景と実践内容の統合を明示する。

次に、実践の効果の検証、或いは実践の意味を解釈する方法について言及する。ここでは、どのようにデータを収集し、実践の効果や意味をどのように評価・解釈するかを説明し、研究の信頼性と妥当性を確保するための方法論を提示する。まずは、データ収集と分析の手法や手続きについて記述し、具体的な検証や解釈の方法を明確にする。取扱う手法は、研究目的や検証方法に応じて、質問紙調査等による量的データやインタビュー調査等による質的データの収集をもとに、学術的に信頼性のある分析手法を検討する。また、実践やデータの収集、検証における倫理的配慮に関する説明が求められる。

Ⅲ．実践（Practice）

ここでは、実践のプロセスや具体的状況、実践中の葛藤や対応等について述べる。これにより、開発枠組みを基軸に実践を立体的に描いていく。

Ⅲ-1　実践のプロセスと具体的状況

まず、実践のプロセスを具体的に提示していく。手順やステップを示し、開発実践の文脈、具体的な実践内容、実践者による対象者への働きかけ、それに伴う実践者と対象者や関係者間の相互作用の具体的状況などを記述する。これらは実践中にフィールドノーツとして記録されたものを基盤とする。

記述にあたり次の点に留意する必要がある。まず、理論との整合性について、実践の手順や内容が開発枠組みにどのように基づいているかを示し、理論と実践の関連を具体的に説明することが求められる。その際には、フィールドノーツとして記録したものをすべて論文に記述するのではなく、研究目的や開発枠組みとの関連に鑑み、意図を持って必要な情報を選択して記述する。また、実施の手順や課題解決の過程について、具体的な事例やデータを織り交ぜて説明し、読者が実践の状況を理解できるようにすることが重要である。これらによ

り、単なる記録や報告であるとの指摘を受けることのないよう、留意して構成することが必要である。

Ⅲ-2　実践中の葛藤と対応

実践の中で直面した問題や葛藤、およびそれへの対応策等について触れることも重要である。ここでは、実践中に発生した具体的な問題や課題を取り上げ、その発生原因およびそれが開発実践に与えた影響を記述する。また、これらの問題に対して講じた対応策、その判断に至るまでの状況や葛藤、対応にあたっての困難、さらにはその効果などを具体的に説明し、問題解決のプロセスや結果として得られた到達点や課題について言及する。

また、本節の小括として、実践の過程で得られた示唆や今後に検討すべき改善の方向性について触れておく。実践の過程で得た知見を反映させ、実践や開発枠組みの改善にどのように結びつけるかを予備的に示す。

Ⅳ．結果と考察（Results and Discussion）

ここでは、質問紙調査やインタビュー調査などにより収集したデータを基に分析結果を示し、開発枠組みやそれに基づく実践が課題解決や改善にどの程度有効であったかについて考察する。また、実施された実践が学校や対象者にとってどのような意味を持つかを解釈し、開発実践の総合的な評価を行う。

まず、結果については、選定した分析手法の手順に従い、収集したデータから得られた主な結果を提示する。ここでは、研究目的に直接関連する結果に焦点を当てるとともに、予期しない発見があった場合にはそれも含めて報告する。

次に、考察を行う。得られた分析結果について、開発枠組みや実践、研究目的との関連性を考慮し、要因や背景を検討する。さらには、それらの相互関係や整合性を確認し、開発枠組みや実践が研究目的や課題に対してどの程度有効であったかを評価する。また、先行研究との照合を行い、新たに得られた知見や実践の中に見出した有意味性などについて考察する。その上で、開発枠組みや実践について必要な調整や改善、或いは新たな解釈の可能性について検討する。

Ⅴ．結論（Conclusion）

ここでは、研究の成果を総括し、研究の限界を明確にした上で、今後の研究および実践への提言を行う。まず、研究目的に対する主な発見を整理し、研究

の結論を示す。その後、得られた知見が学術的にどのような貢献を果たすかを論じるとともに、今後の学校現場での実践にどのように応用できるかを具体的な提案を交えて述べる。

　続いて、研究における方法論、データや分析結果などに関して、研究上の制約や限界を明示するとともに、研究過程で明らかになった未解決の問題や新たに浮上した問いを指摘する。その上で、今後の研究において取り組むべき課題や改善点など、開発実践の深化に向けた提案を行う。

第4節　本論文構成例の意義

　以上の論文構成例は、学術的貢献と学校現場への貢献の双方を目指すため、理論的な開発枠組みと実践的なアプローチの統合的な検討や考察を重視したものである。学術的貢献としては、学術的研究者が求める開発志向と分析志向の双方に応えるものとなり、既存の理論やモデル、または実践に対する新たな知見を提供し、理論の発展や解釈の拡充への寄与が考えられる。具体的には、社会的・地域的および自校に関する教育課題についての先行研究の検討、新たに構築した開発枠組みとその実装、さらには量的・質的データの分析や考察を通じて得られる新たな視点や知見により、理論の深化や実践の可能性を見出すことが期待される。

　一方、学校現場への貢献としては、実践を通じて得られた具体的な知見が教育現場の課題解決や改善に資する点が挙げられる。実践のプロセスや具体的状況、直面した問題や葛藤、対応策に関する記述、さらには結果や考察の提示により、他の教育現場で参考にされる実践的な指針や改善策、具体的な応用方法への示唆が提供される。また、これにより学校現場における実践的な知見の蓄積が期待される。

　さらに、教職大学院生が本構成例に基づく論文を執筆することで、理論と実践の往還に関する次の基礎的な力量が強化され、高度専門職業人としての育成が促進される。まず、解決・改善すべき地域や自校の課題を整理する力量である。これは「Ⅰ．序章（Introduction）」における検討を通じて養われる。課題は教職の経験則に依拠するだけでなく、社会的課題や教育政策、先行研究を踏まえて導出される。次に、課題解決・改善の指針となる開発枠組みを構築する力量である。この力量は「Ⅱ．方法（Methods）」において磨かれる。開発枠組

みは、先行研究の参考点等を検討し、実践の理論的基盤として構築される。続いて、開発枠組みを実践に実装し、状況を省察し調整を図りながら課題解決や改善を進める力量である。これは「Ⅲ．実践（Practice）」において強化される。実践は開発枠組みを基軸として展開し、実践中の葛藤や対応にも着目して開発枠組みの改善が検討される。さらには、データ分析や実践を省察し再評価する力量が養成される。これは「Ⅳ．結果と考察（Results and Discussion）」において、得られたデータをもとに検証し、意味を生成するプロセスで育成される。加えて、学術的・実践的知見を抽出し提供する力量の向上も期待される。

　以上のように、IMPRAD 形式の各項目に基づき、解決・改善すべき課題の整理（I）、開発枠組みの構築（M）、実践への実装を通じた課題解決・改善（P）、実践の検証・解釈、知見の提示（RAD）といった課題解決・改善に必要な力量が養成される。これらは、学術と学校現場を架橋する教職大学院でこそ育成可能な力量である。このような専門的な力量は、学校における日常的な OJT（On the Job Training）や都道府県等における行政研修のみでは獲得が難しい。

　このように、理論と実践の往還は、教職大学院における教育や研究の基本原理に留まらず、論文執筆を通して育成される力量や修了時に目指す姿、さらには修了生が学校現場で期待される役割の一環としても位置付けることが可能である。実際、修了生からは、論文執筆を通して修得した理論と実践の往還に関する思考様式や行動様式が、学校現場において有効に機能しているとの報告が寄せられている。学校現場としてもこのような思考様式等を有する人材が組織に果たす役割は重要であると推察される。ただし、日々の業務や突発的な問題への対応に追われる傾向にある学校現場において、実践事例の整理や執筆にまで至ることが容易ではないことは既述の通りである。

　一方で、学校現場に身を置く教職員でなければ気付かない視角が存在することも事実である。この視角を基盤とし、さらに本構成例が示す思考様式や行動様式などを踏まえ、学術および学校現場の双方に貢献する実践事例に関する論文の執筆や提起が期待される。

　以上、本章では、学術的貢献と学校現場への貢献の双方を目指す実践事例の論文構成例について検討した。本構成例が、学校現場に身を置き、実践事例に関する学術的研究に取り組む方々にとって、何らかの参考となれば幸いである。また、本構成例を基盤として、実践事例に関する論文の記述に関する議論が一

層進展することを期待する。併せて、学会誌における「紹介・分析」に関する実践事例の論文ジャンルが活性化することを望みたい。

参考文献

秋田喜代美・藤江康彦編著（2021）『これからの教師研究――20の事例にみる教師研究方法論――』東京図書。

朝倉隆司（2015）「質的研究論文の書き方のヒント」『日本健康相談活動学会誌』10(1)、13-20。

荒瀬康司（2019）「科学論文作成上のルール」『人間ドック』日本人間ドック学会、34(1)、6-26。

市川伸一（2018）「教育実践の論文化と査読をめぐって――「実践研究報告」への期待と提案――」『教育実践学研究』日本教育実践学会、20(1)、1-7。

小野由美子・淵上克義・浜田博文・曽余田浩史編（2004）『学校経営研究における臨床的アプローチの構築――研究―実践の新たな関係性を求めて――』北大路書房。

佐藤勢紀子・大島弥生・二通信子・山本富美子・因京子・山路奈保（2013）「学術論文の構造型とその分布――人文科学・社会科学・工学270論文を対象に――」『日本語教育』日本語教育学会、154、85-99。

高谷哲也・山本遼（2021）「教職大学院におけるスクールリーダー教育の意義と課題」『日本教育経営学会紀要』63、184-186。

日本教育経営学会編（2018）『教育経営における研究と実践』学文社。

水本徳明（2021）「教育経営の実践と研究は何を問われているのか」『日本教育経営学会紀要』63、129-131。

元兼正浩編（2024）『実践の学としての教育経営学の探究』花書院。

山﨑保寿（2002）「学校経営の実践的立場から見た学校経営研究――学校現場からの批判的検討――」『日本教育経営学会紀要』44、172-178。

吉田尚史・長倉守・竹内伸一・安藤知子・高谷哲也（2024）「教育経営研究につながる実践事例（Good Report of Practice）の価値の在り方」『日本教育経営学会紀要』66、156-166。

（長倉　守）

第13章

「実践」概念の拡張と実践記述の保障

第1節　教育関連学会における実践記述への注目と課題

　本章の目的は、「実践」概念についての検討を行い、実践の記述を保障するための教育関連学会における課題を提示することにある。具体的には、学会誌における「実践研究論文」の扱いに関する問題性とその要因を探り、それらの改善に向けた提案を行うことで、学会における知の発展に資することを目指す。教育関連学会では、「学術研究論文」と「実践研究論文」の二種の論文掲載を取り扱っているところが多い。問題と結論を先取りすると、例えば日本教育経営学会においては「実践」の意味内容が不明瞭なために、同じ内容の論文であっても、ある人は「実践研究論文」に投稿可能と判断する一方で、ある人は投稿可能ではないと判断する状況が生まれている。また、同じキャリアを有する現職教員であっても、調査方法や対象が異なると、一方は「学術研究論文」にも「実践研究論文」にも投稿できるが、一方は「学術研究論文」にしか投稿できないという権利行使の差が生じている。こうした状況を改善するために、理論と先行研究にもとづきながら実践主体・方法・対象・内容の拡張を図り、「実践研究論文」の枠が、多様な会員にとって有益な場となるための提案を行いたい。

　日本教育経営学会のみならず、多くの学会では、これまで実践の記述を重視してきた歴史を有する。ただし、実践の記述なるものへの捉え方に一貫性や統一性が見られたかというと必ずしもそうではない。そのため、日本教育経営学会の2021～2024年期の今期実践推進委員会では、そうした複層的な解釈状況を改善し、実践研究論文の発展に貢献するために、実践の記述とは何かに着目しつつ、学問の発展にとって意味のある記述の探求を試みてきた。

　まず、石﨑（2023）は、日本教育経営学会において、実践論文の執筆が推奨されてきた歴史的経緯と、その条件として、投稿者の当該実践への参画が改め

第13章 「実践」概念の拡張と実践記述の保障　　*139*

て定められた契機を記している（本書第10章参照）。学会において実践を紹介・分析する論文執筆が推奨された背景に、2000年ごろより明確に示されるようになった社会科学分野における臨床的アプローチへの期待がある。その結果、フィールドワークによる質的調査を用いた事例研究の価値は、学会等で広く認められるようになった。しかしながら、投稿主体や掲載基準、研究倫理等に関する解釈に会員間の整合性の見られないところがあり、その根底に「実践」に関する議論の不十分さがあると考えた石﨑（2023）は、「『実践』とは何を指すのか」についての検討の必要性を改めて指摘した。

　それを踏まえての今期実践推進委員会の議論から浮き彫りにされたのは、多様な実践事例の意義と記述との撞着である。例えば、実践の「先進事例」に関する整理を行った吉田は、記述された「先進事例」において一般化可能性が高くなる反面、個別文脈性が失われる点を指摘した（本書第9章参照）。また長倉（2023）は、学術的に貢献する「良い」実践事例と学校現場に貢献する「良い」実践事例を比較し、査読のための学術的な記述を行う中で、実践事例の記述の現場への貢献が低くなる点を示唆した。こうした状況に対して安藤（2023）は、教職大学院の拡大によって増加した現職教員の研究の質的担保とその共有のためにも、再現性や一般化可能性を求める科学的合理性とは異なる有用性を有する実践事例の記述の仕方が必要とされることを示した。そして、実践事例の形態とそれに付随する多様な価値の有り様を髙谷に基づき明確化した（髙谷の整理については70頁の**図7-2**を参照）。

　上記整理は、実践の複雑性・不安定性・不確実性について言及する、デューイ（1916=1975）やショーン（1983=2007）の議論とも重なるものであると考えられる。すなわち、実践の意義と価値を十分に考量する重要性を示す一方で、実践を研究として記述する際に、実践が有しているそれら意義と価値を衰萎させてしまう問題性を指摘するものであった。

第2節　実践概念の矮小化

　上記の今期実践推進委員会の議論が深い洞察のもとで遂行された結果、改めて次の3つの問題が明示されることとなった。第一に、上記の議論が、「実践」自体を意図的・無意図的に一定の枠組みに囲い込み、その価値を囲繞している可能性である。議論の中では、実践の「記述」に着目して、実践を一定の枠組

みに囲い込むことの問題性を指摘してきた。しかし、そもそも「実践」の捉え方に偏向的な部分があったのではないか。第二に、それゆえの、実践と研究を二項対立的に捉えかねない議論の展開にある。これは、実践と研究それぞれの包蔵する価値や内実を矮小化させる問題にも連なる。第三に、実践の調査方法として、事例を対象とする質的方法に限定しかねない発信をしつつあった点である。

　これらの要因として、実践に関連する政策的・研究的な動向の推移に関する議論を等閑視してきた点を指摘することができる。そのため、以下、政策的・研究的な動向と上記問題の発生の関連について敷衍して述べる。上述したように、質的方法を用いた事例研究への社会科学分野における推奨と受諾および研究方法の開発が進んだ結果、高等教育機関等の研究者（以下、研究者）は、自他の実践を対象とする質的研究論文を「学術研究論文」として投稿しやすくなった。日本教育経営学会に照らし合わせると、当初そうした研究に価値を見出すために設定されたと思われる「実践研究論文」（前身は「教育経営ノート」）の枠組みのみならず、「学術研究論文」の枠組みにも投稿しやすくなった。そのため研究者にとって、「学術研究論文」と「実践研究論文」（前身は「教育経営ノート」）の二分の意味や区別は、不明瞭なものになっていったと考えられる。しかしながら、臨床的アプローチの導入に示される、学校や教育現場から立ち上がる現場に有用な知の産出への期待に応えるために、それゆえに設定された2つの「枠」自体に不変的な意義を見出すために、それらの差別化を図っていったのではないかと推察される。それは、日本教育経営学会の「実践研究論文」の場合、実践と認められる内容と方法に基準を設ける方法で行われた。具体的には、研究者が高等教育機関等で実施する自身の教育活動を対象としていたり、アクションリサーチの手法を用いたりする研究の場合にそれへの投稿を認めるといった、言うなれば当事者性と調査方法を限定する投稿基準の設定に示される。

　このような状況と並行して生じた政策的動向は、教職大学院の設置と拡大である。それらに関する政策文書の中では、実践が研究や理論と対置される形で述べられつつ、実践への敬重とその充実が求められている。それは、「実践研究論文」の枠をあえて設けることの研究者にとっての意味の衰微を、高等教育機関等以外の現職教職員（以下、現職教職員）への意味獲得へと転換させたのではないかと考えられる。例えば、安藤（2023）では、教職大学院の設置を受け、

実践を行う主体の想定が、研究者から現職教員へと黙契の中で移行されつつある点を確認することができる。そして、実践の内容、つまり記述の対象についても、現職教員の実施する教育活動を対象とする志向性を見て取れる。これは、上述した当事者性と調査方法の限定に図らずも合致するものであったのではないかと推察される。

　このように、政策的・研究的な動向の影響を受けて、実践そのものへの問題意識やそれ自体のミッションが変容する中で、教育関連学会における実践の記述の主な主体とその対象や方法も、意図的・無意図的に変遷しつつあることが推測される。そして、想定する主な実践主体が研究者から現職教職員へと移行するに伴い、かつては見られていた研究と実践との大きな重なりが逓減していったのではないかと思われる。それゆえ、上記の議論においても、研究と実践との二項の個別性や異質性、さらにはそれらの相反性が言及される傾向にあったと捉えられる。

　一方で、多くの教育関連学会では、現職教員に限らずNPO関係者等の実践報告会を設定するなど、実践主体を学校にかかわる多様なアクターに広げる試みを進めてきた。加えて、安藤（2023）は、実践事例の記述の対象として、当事者による実践でも他者による実践でも認めようと提案を行い、研究対象の広がりを主張した。これらは、実践研究の充実に大きく貢献する見解であると言える。しかし、研究者を実践者として想定する議論まで展開しなかった点、および教職大学院の設置に着目する論の展開からは、教育実践における主体の限定を一方でうかがえる。

　この暗黙理の限定は、「実践研究論文」の内容と質、それらへの投稿者数、および査読や審査の一貫性に混乱をもたらす懸念のあるものである。というのも、実践事例の記述の主体としての現職教職員の場合は、他者の実践を対象とする論文でも認めようとする一方で、研究者の場合は自身の実践への関与が求められるというダブルスタンダードの成立がうかがわれるためである。加えて、このような状況における投稿基準をどの程度認識し、あるいは遵守するのかは当人次第であり、なおかつ研究者に求められる当事者としての関与の程度を現職教職員にも適用しうるとする浸透性の程度の咀嚼は当人に委ねられている状況であるからである。

　結果として、同様の論文内容であっても、研究者の中で「実践研究論文」の枠への投稿を行う者とそうでない者に分かれる。同様に、現職教職員も二分さ

れる。他校の活動に関する量的調査や他者の実践への質的調査を用いて論文執筆を行う現職教職員の中で、当該実践に対する当事者としての関与の高さにどの程度重きを置くかにより、「実践研究論文」への投稿を躊躇する者とそうではない者に分かれる。

　上記に示される実践・実践記述の主体と対象、方法の混乱を止揚するためには、そもそも実践とは何かから議論を立ち上げる必要があるのではないか。次節では、こうした問題意識のもと、石﨑（2023）の指摘に再度立ち戻り、まずは実践について改めて議論を行うこととする。

第3節　実践とは何か

　実践とは、世界の変革を目指す連帯と抵抗の中で人間性を回復するプロセスであると捉えることができる。これは、フレイレ（2018）やバトラー（1997=2019）の知見から見出され、デューイ（1916=1975）をはじめとするプラグマティズムの思想にも合致すると考えられる。

　フレイレ（2018：90）は、実践とは「世界を変えようとする人間の行動と省察のことをいうのである。」と述べる。ここで第一に重要な点は、実践主体が、支配され抑圧されている者たちであるところにある。この被抑圧者は、社会の中で周縁化され、排除されつつある顕在的なマイノリティのみをさすのではなく、自らのなかに抑圧者を内包している者をも意味する。この点についてフレイレは、「非人間化は、人間性を奪われた者のみにみられるのではなく、形を変えて、人間性を奪っている側にもみられる」（フレイレ 2018：74）と述べ、双方の抑圧状態が社会の中にあり、被抑圧者が抑圧者へと与する状況を指摘する。

　これは、主体化と従属化の関係について述べるバトラー（1997=2019）の見解と重なる。バトラーによると、人間は生存を可能にするために権力に従属せざるを得ず、人間が主体になる過程は、権力によって従属される過程であるという。ただし、その従属化は、必ずしも避けるべきところとして描かれているわけではなく、人間の良心の形成と反省性の確立に寄与するところとなる。そのため、人間が自分自身の形成を権力への依存なしに成し得ることは不可能であると述べられる。

　両者に共通するのは、抑圧者と被抑圧者という単純な二項対立構造で人間の有り様を捉えるのではなく、すべての人間が従属させられる状態を前提とした

上で、その中で抑圧する側に回る者と、抑圧される側に位置する者とに分けたところにある。それゆえ、従属させる国家権力や抑圧する社会制度・文化・認識を変えること、つまり世界を変えることにすべての人間が関与しうる展望を示したところにある。もちろん、国家権力も社会制度・文化・認識もすべて人間の行為や思考から形成されるところであり、そうした意味では、結局のところ二項対立の様相を完全に否定しきれるわけではない。しかしながら、両者はそれら諸制度・文化等について、人間を否応なく従属化させ、意識せぬままに抑圧者に至らしめる集合物として描いている。

　第二に重要な点は、そうであるからこそ、実践は、つまり世界を変えることは、抑圧者・被抑圧者の双方の人間性を回復しようとする闘いとなり、両者の連帯と抵抗が希求される点である。そこでは、まずは抑圧者・被抑圧者ともに置かれている状態を意識化すること、つまりそれに気づくことが重要とされ、その上でのお互いの解放が企図される。ただし、その中にも順番があり、教育と学習は、「被抑圧者、この世の打ちひしがれた人たち、そして連帯しようとする者たちのところから始まる」（フレイレ 2018：76）とされる。その際、「連帯する相手の状況を自ら「引き受ける」というラディカルな態度」（フレイレ上掲書：86）が抑圧者には求められ、偽善的で情緒的、かつ身勝手な振る舞いとは対極にあるそれが要求される。バトラー（1997=2019）は、こうして立ち現れる者を「行為主体」と呼び、例えば性的マイノリティの解放のような社会運動も連帯と抵抗の一形態として位置付ける（バトラー 2015=2018）。

　第三に重要な点は、抑圧者のラディカルな態度や被抑圧者の意識化を伴う実践では、状況を振り返り、批判的見地から状況を対照化し、状況への働きかけを行う一連の行動プロセスとそこに示される省察を必要不可欠な条件とするところにある。人間的な行動は省察と分離することのないときに生まれるとするフレイレの考えによれば、世界を変える行動としての実践とそこにおける省察は不可分の関係にあると捉えられる。その場合の省察は、一定の理論や哲学にもとづくものとなる。

　この省察概念は、実践の範域における相違はあれど、ショーン（1983=2007）によるそれと同義と捉えられる。ショーンは、プロフェッショナル、つまり専門家の実践における探究を技術的合理性にもとづく研究と対置し、前者における省察を通じた新たな知の創造の重要性について述べる。そして、専門家による行為の中の省察では、「実践者がすでに知っていることにふれないまま、根

も葉もない新しい説明を作り上げること」(ショーン 2007：156) ではなく、「今までの経験や知識をかなり用いて」問いに枠組みが与えられ、状況との対話が進められる点を強調する。それは、実践者の〈わざ〉を決めるのは、「未知の状況に持ち込むレパートリーの幅と多様さ」であると言及される箇所にも相当する考え方で、その例示としてこれまで構築されてきた理論や概念を用いて、固有の文脈に応じる解釈を提案する専門家をあげている。ここで重要なのは、実践知あるいは〈わざ〉とされるものに従来の理論や哲学が寄与しており、それらなくして知や〈わざ〉が立ち現れるわけではない点である。

　これらを踏まえると、実践は、すべての人間が、社会の不正義を取り除き、世界を変えるために、理論や哲学に依拠する省察を伴って状況に働きかけ、介入する行動を意味する。それが冒頭に述べた人間性の回復のプロセスとなる。

第4節　誰が実践主体なのか

　上記のように実践を捉えるのであれば、抑圧的で排除的な世界や社会を変えようとする者は、あるいは変えることに関与しつつある者はすべて実践者とみなしうる。現職教員のように、教職の専門家でなくとも、地域住民や諸組織で活動する者はもちろん、あらゆる人々がそこに含まれる。キティ (1999=2010) は、母親の子どもへの真摯なケアを母的実践と称する。また、小川 (2021) は、弱者の内面世界でどれほど多様で豊かな想像力が繰り広げられているかについて述べ、それを当該者の周りの世界を変える経験、つまり世界の変革につながるものと位置付ける。それゆえ、さまざまな状態にある弱者も広い意味で実践者となりうる。加えて、研究者も実践者に含まれる。研究者本人が自身の研究活動の総体を研究とみなすのか、実践とみなすのか、それは自己選択であるものの、生涯かけて行う研究活動を実践とみなしたい場合、それは実践となる。

　戦後のコア・カリキュラム、綴り方等が実践と称されてきたのは、多様な人々の連帯による教育活動の創造とそうした人々の人生におよぶ闘いがそこに見て取れたからであろう。ここには、それらに参加したすべての人々を実践者と捉え、生きることや生活することそのものを実践とみなす視点がある。これは、上記フレイレが教育と学習の始まりを被抑圧者に置き、かれらの連帯を模索した点に符合するものである。また、デューイ (1916=1975) の提示する教育活動も、子どもたちの生活実態にもとづく学びとその変革、および民主的社会

第13章 「実践」概念の拡張と実践記述の保障　*145*

の形成を見通す点で、それら全体を通して子どもと教員、および住民等による共同的実践と位置付けられる。さらに、その実践には、デューイが構想する教育活動それ自体、およびデューイによる民主主義と教育を結びつける生涯にわたる研究・社会活動の双方が含まれる。

　このように、教育に関連する実践概念にもかねてより広範な実践主体と実践内容が内包されていたと言える。それを敷衍すれば、教育実践の記述の内容は、自身の担当する教育活動でもよければ、連帯する仲間のそれでもよいし、生涯の研究活動の中の量的研究でも、理論的精査でもよいと考えられる。なぜなら、世界や社会の変革に向けた自他の連帯と抵抗による解放への闘いのためには、あらゆる研究方法によるアプローチがあってよいからである。この場合、研究と実践、研究と理論は対置されるものではなく、包含あるいは重複関係にあり、本章の場合は、「実践の中に研究がある」「研究は実践の一部である」と捉えられる。これは、専門家の実践を対象とするがゆえに、「実践は研究の一部である」とするショーン（2007：181）とは真逆になる。しかしながら、研究と実践の接合を図るところは同じである。これを民主的社会形成の視点から俯瞰する形で整理したものが石﨑の本書第10章の**図10-2**となる。

第5節　教育関連学会への課題提起

1.「実践研究論文」の枠組みの拡大と公共圏の創出

　実践と実践主体を上述のように定位するなら、「学術研究論文」と「実践研究論文」は包含し合うものになる。というのも、上述したように、実践主体には現職教員に限らず、世界や社会の変革を目指す誰もが含まれるためである。そして、研究者による生涯におよぶ研究活動も、地域住民による社会運動も実践となる。さらに、実践の記述の対象・内容には、どのような調査方法による、何を対象とするものでも相当する。

　そうであるならば、「実践研究論文」の投稿主体はすべての会員に開放されるべきであろう。そして、実践のトリミング（本書第8章参照）としての事例としての切り取り方は、現職教員が生涯をかけて行う活動の一取組としての他校の量的調査であってもよくなる。それゆえ、これまでに見られた、実践が当人の担当する教育活動であるという狭い当事者性を担保するものであるという認識は、上記実践の有意味性を縮減するものになると考えられる。ただし、投稿

主体をすべての会員に解放し、量的調査や理論的精査による研究、他者の実践を対象とする研究等を「実践研究論文」として認めると、「学術研究論文」と「実践研究論文」の区別はつかなくなる。

　そのため、「実践研究論文」の枠組みを廃止し、代わりに誰もが投稿しやすくなり、かつ現職教職員による荒削りの原稿（安藤 2023）にもとづき、語り合うことを促すコミュニティとしての公共圏の創出の契機になる投稿論文の枠組みの設定があってもよいのではないかと考えられる。具体的には、髙谷（本書70頁）の(2)や(1)の掲載の可能性の検討となる。その枠組に掲載された荒削りの原稿は、会員相互の語りによって省察の質を高められ、各学問領域にとって意味のある事例の記述へとつながっていく。そのため、学術論文よりも劣位に置かれるものというよりは、資料として価値付けされ、共有されることで、公共の場での議論の生起に意味を与えるものとなる。そして、そこに投稿される原稿は、他者の実践を対象に分析したものでも、量的調査を分析したものでもよい。

　この枠組みは、early career の研究の充実にも貢献するものとなることが望まれる。それが early career の荒削りな状態の原稿を共有・議論し、発展させる原動力となるサイクルを生み出す場となることが望まれる。それにより、early career の研究の発展にも寄与するとともに、学会の充実につながることが期待されよう。上記提案は、投稿論文の執筆の権利を全会員に開き、量的・質的・資料分析等多様な調査方法を促進するものと考えられる。

２．論文の水準について

　１．を実施する場合、荒削りの原稿の記述の仕方に関する議論が必要であろう。上述した実践に対しては、世界や社会の変革を目指すからこそ、その内実の共有と継承が求められ、伝達のための記述が要請される。その記述の仕方には、日記、記録、メモ、論文等、様々なものがある。その中でも実践者による学会での記述の選択は、学会誌に掲載され、研究知を蓄積する研究論文に相当する論文としての実践の表現に重きを置く意思決定に他ならない。それゆえ、論文は、人生をかけての人間の解放と回復のプロセスとしての実践の一部分を伝達するための表現方法の１つである、と定位することが可能となる。

　学会における論文としての記述を選択するのであれば、その有用性は、アカデミックなルールにもとづいて記述されるからこそ、見出されるものとなる。

例えば、先行研究レビューを行うからこそその実践の位置付けがわかり、理論や分析枠組みを設定するからこそその価値を理解できるようになる。これらは、上記省察およびデューイの実践に示されるプラグマティズムの思想（ジェイムズ 1957）に合致するものである。実践というと、これまでのアカデミックな議論や知を踏まえなくとも〈わざ〉や新たな知を生み出せるもので、そこに意義を見出そうとする志向も見受けられる。しかし、これは本章で取り扱ってきた先行研究にもとづくと誤りであると言える。一連の先行研究および本書の各章からは、実践の端緒に理論や哲学があり、実践のプロセスにおいてそれらとの対話を繰り返すからこそ、つまりそれらへの依拠と敬重があるからこそ、実践が世界や社会の変革に資するものになることが明らかである。

　そのため、実践の記述の在り方として、学会等における一定の基準に沿った記述のルールを求めることは理にかなっているし、それを求める行為自体が実践を理解していない状況と同義であるといった批判には与しないでよいと思われる。例えば、実践を論文として記述すると、有意義な記述が削除されるのではないかという、ありのままの実践記録への憧憬と研究としての記述への懐疑の入り混じった論評がなされたりする。仮にありのままの実践記録が至尊すべき記述の在り方なのであれば、学術誌ではなくありのままの実践記録を掲載する媒体を作るべきであろうし、実際にそうした媒体誌が学術誌よりも価値の高いものとしてすでに席巻しているのではないかと思われる。必ずしもそうではない状況に鑑みると、有意義な情報がそのまま掲載されているとみなされる実践記録の記述は、うっかりすると文脈の錯乱した理解しにくい記述に陥りやすい傾向にあることが考えられる。

　この点について、本書の各章の主張と齟齬があるように感じられるかもしれないが、本書を通して伝えていることは、ありのままの記述か完全なる学術研究論文かの二極ではない記述の仕方の有意味性である。実践における有意義な記述が削除されるのであれば、それは記述や査読の仕方の問題であるのかもしれず、研究論文として整理されたからこそ有意義性の高まりが見られる記述の仕方の開発も同時に求められる。

　したがって、「学術研究論文」の記述の仕方を荒削りの論文にも求めてよいと思われる。ただし、そこに厳格な基準を設ければ設けるほど自縄自縛となり、研究の可能性を広げるはずのものが狭めることになる。しかしながら、表現の１つの方法であるがゆえに共通ルールや言語がなければ、共有できなくなる。

これらを踏まえると、長倉（本書第12章参照）が示すように、問題意識と目的、先行研究レビュー、理論や枠組み、方法、結果、解釈、考察を記すスタイルを、自らの活動を他者に明確に伝えるための方法の１つとして位置付けてもよいであろう。その上で、資料的価値を重視するのであれば、理論や枠組みの設定の仕方に荒削りなところがあったり、解釈の余地が見られたりするのはかまわないと考えられる。これは、再現性や一般化可能性を求める科学的合理性ではなく、個別の文脈の意味を担保し、過去の経験から未来の経験を類推できるようにする「類的統一性」（ジェイムズ 1957：105）を求めるものである。そして、一定の体裁を経た論文に対しては掲載を認め、その内容に関する判断を公共の場に委ねるものである。

３．研究倫理について

　実践概念の拡張を受け、教育関連学会に対して、遡及的倫理審査の承認、対象者の同意を必要とする最低基準の明確化、および同意を得る在り方に関する実践的な検討を求めたい。実践は、いわば人生そのものとも言えるからこそ、髙谷（本書第７章参照）が述べるように一般性や再現性と相剋し、それらに拘泥されてはならない側面を有すると思われる。そのため、一般性や再現性を求める医学モデル・技術的合理性（ショーン 2007）に立脚する研究倫理と実践は相容れないところが多い。実践を重視するのであれば、その複雑性・不確実性・不安定性を考慮することが重要になる。そこでは、実践を研究する場合、先に倫理審査を受けるというようなことが必ずしもできるわけではないことを念頭におく必要がある。したがって、研究を開始後にも倫理審査の承認を得られるような遡及的倫理審査の検討が求められる。

　次に、いずれにしても、厳しい倫理審査は実践を研究として表現することを阻害するという認識が学会に求められるであろう。ただし、実践の分厚い記述をする際に、個人情報保護のために審査の必要な場合もある。特に、現職教員が担当クラスの子どもの記録を論文として自身の実名入りで公表する場合、当該子どもが特定化される可能性の高さゆえに、その重要度が高まる。例えば、子どもの家庭所得・保護者の学歴・障害・疾病履歴を記す場合には同意が必要であろう。ただし、これも厳密に言えば、問題が多い。水本ほか（2019）が述べるように、貧困問題を抱える保護者が疾病状態にあり、子どもの生活に大きな支障が生じている場合、かれらに同意をとるその行為自体が常識を逸脱して

いる可能性がある。また、そうした保護者や子どもが研究や同意の意味を理解できない状況も多分に考えられる。それゆえ、同意を得たとしてそれが本当に言葉通りの意味として捉えられるのかは疑問である。このように、同意に問題があるとするならば、データの部分は公開せずに、データの解釈のみを掲載して論文として執筆したり、匿名で掲載したりすることが考えられる。前者の場合、データは査読者あるいは学会の当該部局が確認するといった仕組みの整備、後者の場合、匿名での公共圏への参加の在り方について検討するのも一案となる。

なお、医学分野においても、治験ではなく、通常の治療を求めて来院する患者の治療データを匿名化して活用する場合、後方視的研究と称して「不同意書」のみ提出することを患者に求めている。こうした方法は、通常の教育活動から得られた事柄をデータとして匿名化する教育研究にも援用することができる。単純な医学モデル・技術的合理性にもとづく倫理言説からの脱却を図り、新たな倫理言説の構築を遂行していくことが学会には求められよう。

実践の有意味性を保障し、その記述が新たな知の構築や社会の形成に資するものとなるよう期待するのであれば、実践を記述する当該人にそれを求めるだけではなく、それを要請する側、つまり学会等が実践を問い、同時に研究とは何かを追究する必要がある。本章で述べたように、人生そのものが実践であり、研究でもあると解釈しうるならば、論文の指導者の研究観も拡張しなければ、「実践研究論文」を矮小化してしまいかねない。本章の結論として、実践を考える上では、研究とは何かを同時に考えなければならず、その問題が潜在化していることが浮かびあがってきた。そのため、本書の最後に、補章として研究者にとって実践とは何なのか、研究と実践の拡張とそれらの一致についての試論を示すこととする。

注
1） その他、実践論文と実践事例報告を区別するなど、さらなる分化もうかがわれるが、本章では二種を主眼として論を進める。

参考文献
安藤知子（2023）「論点提示：実践事例の多様な扱われ方を整理する」日本教育経営学会第63回大会「実践研究フォーラム」発表資料。
石﨑ちひろ（2023）「これまでの紀要における〈実践事例〉の扱いの変遷」『日本教育経営

学会紀要』65、170-172。

小川公代（2021）『ケアの倫理とエンパワメント』講談社。

ジェイムズ、W.（1957）『プラグマティズム』桝田啓三郎訳、岩波書店。

髙谷哲也（2022）「実践事例の「良い報告の仕方（good report of practice）をどう考えるか——事例からもたらされる情報・知見の特徴とその価値から」（「日本教育経営学会第62回大会実践研究フォーラム」2022年6月5日発表資料）。

髙谷哲也（2023）「実践事例の「良い報告の仕方（good report of practice）をどう考えるか——事例からもたらされる情報・知見の特徴とその価値から」『日本教育経営学会紀要』65、173-175。

長倉守（2023）「学術的貢献と学校現場への貢献から見た「良い」実践事例」日本教育経営学会第63回大会「実践研究フォーラム」発表資料。

フレイレ、P.（2018）『被抑圧者の教育学——50周年記念版』三砂ちづる訳、亜紀書房。

水本徳明・畑中大路・臼井智美・柏木智子（2019）「学校経営の質的研究の展望」『京都教育大学大学院連合教職実践研究科年報』(8)、23-36。

吉田尚史（2023）「教員研修における実践事例の位置と課題」日本教育経営学会第63回大会「実践研究フォーラム」発表資料。

Butler, J. (1997) *The Psychic Life of Power*, Stanford University Press（＝佐藤嘉幸・清水和子訳『権力の心的な生』月曜社、2019年）。

Butler, J. (2015) *Notes Toward a Performative Theory of Assembly*, Harvard College,（＝佐藤嘉幸・清水知子訳『アセンブリ』青土社、2018年）。

Dewey, J. (1916) *Democracy and Education*（＝松野安男訳『民主主義と教育（上・下）』岩波新書、1975年）。

Kitty, F. E. (1999) *Love's Labor*（＝岡野八代・牟田和恵監訳『愛の労働あるいは依存とケアの正義論』白澤社、2010年）。

Schön, D. A. (1983) *The Reflective Practitioner*, United States by Basic Books（＝柳沢昌一・三輪建二訳『省察的実践とは何か』鳳書房、2007年）。

（柏木智子）

補　章

ドイツ研究からの教育経営の「現場」再考
——学術研究でもあり実践研究でもあるということ——

第1節　教育経営の「現場」

　「現場経験がある」「現場を知っている」などの言葉が、教職大学院の設置以降によく聞かれるようになった。ここで語られる「現場」とは「学校」を指すことが一般的であり、そこに教育委員会や文部科学省などの教育行政が含まれることはあまりない。一方で、現実の学校は独立した経営体として活動しているのではなく、教育政策や教育法制をふまえ人事や予算配分等の教育行政の権限に服しながら活動している。その意味で、「教育経営」の現実を捉えるには、中央—地方の教育行政の影響を捉えた「公教育経営」（堀内 2014）の視角が重要にもなる。

　「現場」について、教員—子どもというミクロ・レベル、学校というメゾ・レベル、教育政策や教育法制というマクロ・レベルの視野としても理解されうる（Fend 2008）。一方、「実践」とは何かや「研究」との関係については、すでに柏木が前章で詳述しているため、本章ではこれを念頭に置きつつ、暗黙裡に共有されている学校を中心とした「現場」観を再考する。そのことにより教育経営研究の拡張の可能性を検討するのが本章の目的となる。

　2021年5月、大阪市立木川南小学校の久保敬校長（当時）（第3章執筆）が、競争主義により子どもも教職員も疲弊する学校の窮状を訴える「提言書」を市長と市教育長に送り、その後、市教育委員会（以下、市教委）により訓告の処分を受けた[1]。教育政策に翻弄されながらも校長として学校経営に向き合う校長の姿に市民社会から広く支持が寄せられた。訓告後に市民が「久保敬元校長の文書訓告取り消しを求める応援団[2]」（以下、応援団）をつくり、3年を経た現在も教育行政に向き合う活動を続けている。教育経営のダイナミズムを示す事例と言えよう[3]。筆者もまた「応援団」の一員として関わってきた当事者の一人であり、そこには筆者自身のドイツ研究の影響があった。

152 　第Ⅲ部　実践事例の記述から教育経営研究へと展開する

　筆者はドイツにおける教員の「教育上の自由（pädagogische Freiheit）」論を、「国家の学校監督（staatliche Schulaufsicht）」と呼ばれる教育行政との関わりから研究してきた（辻野 2016）。教育における公的責任を、教員・学校レベルから中央・地方の教育行政のレベルまでの構造から捉えてきた。ドイツの PISA ショック（2001 年）後に教員の「教育上の自由」をめぐる新しい議論を惹起したルクス（Rux, J.）は、以下のような問題意識を提起していた。

> 教師は今日、学校監督官庁や校長の命令、諸法規・行政規則、会議の決定といったことについて拘束されすぎている。教師はこれらの拘束の範囲内でしか自らの決定を行えないにもかかわらず、自らの決定に対して「固有責任」のみを負わされている。（Rux 2002：24）

　教員による教育活動は、教員自身の意思決定により行われているばかりではなく、ときには教員の意思に反してでも遂行せざるをえない状況がある点は、ドイツも日本と同様である。その際に、教育行政の側が強調するのは、教員が公務員であり服従義務を負うという点だ。しかし、ドイツでは「教育上の自由」が実定法概念となっているため、「国家の学校監督」との緊張関係が生じることとなる。ドイツの実情に迫るために、筆者がノルトライン＝ヴェストファーレン州（以下、NRW 州）で行った調査を元に、学校監督の声と、教員、保護者、生徒、研究者などの声とを取り上げ教育経営の「現場」を見てみよう。

第 2 節　学校経営へ作用する学校監督

　調査結果に先立って、まずドイツの学校監督のしくみを概観しておく。**図補 1** は、NRW 州の三段階の「国家の学校監督」の構造を図式化したものである。16 ある諸州（Land）それぞれに学校監督の構造は異なり、州を超えた教育政策の調整はすべての州の文部大臣が集う「常設各州文部大臣会議」（KMK）により合議的に決定される。連邦教育研究省（BMBF）が別にあるものの、州の教育政策への直接的な影響力はほとんどない。各州の中では、州の文部省（Kultusministerium）が最高学校監督庁に位置付いている。基本法（憲法）第 7 条に定める「国家の学校監督」というところの「国家」とは「州」を指している。

　「あらゆる学校制度は国家の監督の下に置かれる。」これは民主主義国家とさ

れる現在のドイツの基本法（憲法）の第7条1項の条文である。「国家の学校監督」と呼ばれる教育行政の伝統概念は、ここに根拠を置いている。「国家の学校監督」とは、広義には、学校制度に対する国家の一般的形成権・規律権を指し「学校高権（Schulhoheit）」と呼ばれている（結城 2019）。

この国家の権能には、学校制度の基本構造、学校の種類や編制、学校教育の目的や基本的内容、就学義務や学校関係、教員の法的地位などの確定が属する。一方、狭義には、学校監督とは国家によってなされる統制的・介入的な作用である。戦後の「管理された学校」批判から、今日、「教育上の自由」は「あらゆる州の学校法の中で一般的に認められている事実」とされ、「裁判でも自明の原則として前提にされて

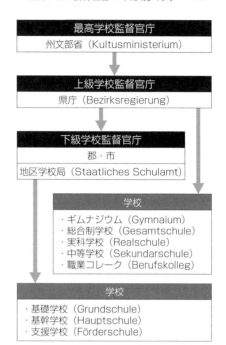

図補-1　NRW州における学校監督の構造
出典：筆者作成。

いる」（Avenarius/Hanschmann 2019：666）。PISAショック後の教育改革の荒波の中でも、上記の諸原則については一貫性を保ってきた。

大規模な教育改革を経て、「国家の学校監督」と「教育上の自由」の関係の何が変容し、何が維持されてきたのだろうか。以下、まず学校監督の内部の当事者の視点を取り上げる。NRW州の州文部省（最高監督庁）、学校監督庁（上級監督庁）、地区学校局（下級監督庁）の順に述べる。この三段階の学校監督機関への訪問調査を2016年9月13～21日に行った[4]。共通性のある質問書を事前送付したうえで、現地での訪問調査を実施した。本章ではNRW州に特化した内容としているが、現地調査では同様の調査を南部バーデン＝ヴュルテンベルク州（以下、BW州）でも行ったため、以下では適宜例証している。なお、両州での調査の詳細は辻野（2017）と辻野（2019）を参照されたい。

ドイツの学校監督および学校経営に関する研究は、日本でも蓄積が見られる。結城（2019）が学校監督をめぐる体系的な研究を蓄積している他、前原（2023）

154　第Ⅲ部　実践事例の記述から教育経営研究へと展開する

が教育制度改革論、遠藤（2004）が学校の自律性論、坂野（2017）が教育政策論、久田（2019）が教授法の変容、などを明らかにしてきた。すでにドイツ国内では、PISA ショック以後に学校監督の問題が再燃していたが（Brackhahn, et al 2004）、民主的・法治主義的な『学校法学』（Avenarius, Hanschmann 2019［第 9 版］）や教育学的な「学校開発論」（Buchen/Rolff 2019［第 4 版］）が政策者にも一定受容されていた。こうした素地から、ドイツでは「なし崩し的」な新自由主義の改革が席巻してこなかったとされる。

　しかし、PISA ショックを契機として、教育スタンダードやテスト政策、学校評価の導入等、州差を超えた潮流が全国規模でつくられてきた。こうした激動の教育改革の時代の中で、学校監督の当事者たちはどのようなことを考えてきたのだろうか。学校監督の当事者の声から現実を描き出す研究は、管見の限り日本においてもドイツにおいても蓄積されてはいない。筆者は、この問いに応えるために、学校監督内部の当事者および外部のアクターへの調査を行った。

第 3 節　学校監督内部の当事者の声

1．最高学校監督・州文部省の当事者の声

　最高学校監督庁にあたる NRW 州文部省での聞き取りについて述べる[5]。調査は、2016 年 9 月15日に NRW 州議会の館内で実施した[6]。聞き取りに際しては、X 次官が応じてくれた。X 次官によれば、州ごとの違いが大きいとされるドイツの学校監督の実際は、州間でそれほど大きな違いはないと言う。今日、いずれの州でも「教育スタンダードの目的の具現化」が学校監督の使命となっている。しかし、NRW 州では人口規模の大きさや社会構造・家庭背景などの多様さ、移民背景の住民比率の高さなどが他州と異なり、教育政策はこれらへの対応を求められると言う。現在では、PISA への関心はもはや薄まっていると語る。

　　もちろん教育制度にも教員にも限界というものはあります。例えば、クラスの生徒にワークシートを渡して、「さあ、取り組みなさい」と言ってみても、（学級規模が）20人なのか30人なのかでは違ってきます。（…）一人一人がどのような支援を必要としているかを考え、個々の学習計画を立てることなのです。

　X 次官は、ある学校が別の学校より「良い」という状況を、どう理解するの

かを正確に把握できる判断基準が必要であると加えた。教育政策は州文部省がイニシアティブをとり、州文部大臣の影響を強く受けることにも言及した。

> 私たちの（文部）大臣と非常に密接な関係があるのですが、彼女は（…）すべての利害関係者を巻き込んだ円卓会議を開催し、学校政策の基本的な施策について最大限のコンセンサスを得ようと懸命に努力しています。（…）保護者（代表）が参加し、生徒代表が参加し、教員代表が参加し、（…）教育政策を提言しています。（…）これほど大規模に社会政策上の（開かれた）議論を強く志向し、その上で政策を講じようとしている州はほとんどありません。

くわえて、ドイツ的な特質として、自治体の権限、県の権限、州の権限、連邦の権限の分配において、誰が何に責任を負うのかも重要になると指摘した。

2．上級学校監督・県庁の当事者の声

次に、州内に5つある上級学校監督庁の1つであるA県庁（Bezirksregierung）での調査について示す。調査は2016年9月15日にA県庁の庁舎内で実施した。聞き取りに際しては、P学校課長、Q主任学校監督官（質分析担当）、R主任学校監督官（ギムナジウム担当）、S学校監督官（基礎学校担当）、の計4名の職員が応じてくれた。職員は、上級学校監督庁が州文部省の下にありながら、下級学校監督庁や学校とをつなぐ中間的な位置付けをもつことを強調した。

> 私たちはもちろん、州文部省の政策を遂行する義務があります。つまり、文部省が政策を決定すれば、私たちは当然それを実行に移し、学校に伝えなければなりません。しかし、例えば、学校側がある規程の変更に対して異議をもっていたり、別の考えを持っていた場合、学校側はそれを私たちに伝えてきます。その場合、私たちは文部省との定期的な話し合いの中で、ある種の修正を試みます。（P学校課長）

州文部省の教育政策をどう捉えているか尋ねたところ、上級学校監督庁は州の教育政策を評価する立場にはないと前置きしつつも、テストが導入されたことの功罪を指摘した。

> 私たちが目にしている危うさは、人々がテストにばかりとらわれてしまい、授業で生徒が学ぶあらゆることがテスト（対策）に向かっていくことなのです。これこそ危うさなのです。（R主任学校監督官）

学校監督の実態については、上級学校監督庁は日常的な学校への監督活動をあまり行っていないと述べた。ただし、極端な学校の問題状況が把握された場合には、学校監督の一環である介入を行うとして次のように説明された。

> ある学校がうまくいっていないと分かれば、私たちは介入しなければなりません。（…）そういうことは政治とは無関係で、私たちが現場でやらなければならない個別業務なのです。（…）何か起こったときに、（…）大至急介入しなければ、大変なことになっていくということもあるのです。（R主任学校監督官）

教員の「教育上の自由」は伝統的に重視されてきたが、スタンダード導入によってバランスがとられるようになったと述べた。今なお教員の裁量は内容的にも方法的にも大きいとして、学級が閉ざされているため中で何が起こっているか知るのは難しいと言う。したがって、スタンダードによって可視性を高める必要があったと語る。ただし、この点については、職員間で意見の異同も見られたため、やや長い引用のまま紹介する。

> P学校課長：私の娘が実際に経験したことをお話ししましょう。娘は、3年間同じ教師の歴史の授業を受けました。その教師はフランス革命というテーマが好きだったので、娘は3年間、フランス革命についていろいろな面から学びました。しかし、その3年間の歴史の授業で娘は、フランス革命以外のことは何も学ぶことができませんでした。（…）

> Q主任学校監督官：ドイツでは伝統的に、教育上の自由に比重が置かれてきました。一人一人の教師がとても大きな自由をもってきましたし、また教師自身が大切だと考えることを行える必要があると主張してきました。この状況は問題なしとは言えないでしょう。（…）

> P学校課長：（…）ですから、話題になった3年間フランス革命の授業というようなことがもしあれば、それは全く見過ごせない問題と判断されます。

> R主任学校監督官：でも、州統一アビトゥアがある今のような状況で、そんなことは実際にありえませんよ。もし教師が3年間フランス革命しか教えなかったら、（…）自分が担当している生徒のアビトゥアの成績が悪くなってしまいます。そんなことは教師も望んでいません。（…）

ここでは、P学校課長とQ主任学校監督官が教育上の自由の問題点を強調していたところ、R主任学校監督官が異論を差しはさんでいる。R氏は教員経

験があり、P・Q両氏の意見に異論を唱えずにはいられなかったものと思われる。P氏はR氏の直接の上司にあたるため、インタビューの場でこうした反対意見が明示されることは稀有であるが、学校監督の内部においても葛藤は存在する。

3．下級学校監督・地区学校局の当事者の声

最後に、州内に53ある下級学校監督庁の1つであるB地区学校局での調査について述べる。調査は、2016年9月16日にB地区学校局の館内で実施し、S局長とT副局長がインタビューに応じてくれた。下級学校監督庁に勤務する職員は、その多くが校長等の学校管理職だった経験をもつ。学校監督上の学校へのアプローチは、かつての統制的なそれから今日では助言的なそれへと変容していると言う。

> 私たちは絶えず、固有責任および共同決定を重視することと、規制行政と管理が必要であることのバランスを取るように努めなければなりません。（S局長）

> （…）例えば学校が「私たちには良いアイデアがあります。それを試しても良いですか？」と文書で相談を寄せることがあります。州文部省がそれについて精査します。（…）学校が独自の特徴を開発し、教育的な創造性を立証することは、州文部省の関心事でもあります。何年も同じまま留まっていることは求められていないのです。（T副局長）

PISA後のスタンダード政策によっても、学校の現実にそれほど大きな変化があったわけではないとの見解も述べられた。むしろ、スタンダードは、かねてからの必要性に応えただけであるとされたが、同時に、成果主義に回収されない教育の在り方について次のような見解が述べられた。

> （…）教育（Bildung）というのがそもそも特定の分野の能力を身につけるためのものではなく、学校をこえて、学んだことを自律的に深めることで開花できるような、包括的な能力を身につけられるようにするためのものだからです。（…）私たちがここ（学校監督）で行っているのは、それを支援することなのです。私は、子どもたちを支援し続けることができると信じていますし、実際に非常に優れた（教育を行っている）学校があるのです。（S局長）

上意下達を建前とする学校監督の内部の当事者は、必ずしも学校を外部統制

158 　第Ⅲ部　実践事例の記述から教育経営研究へと展開する

したいわけではなく、「教育上の自由」とのバランスが少なからず考慮されていることもうかがえる。

第4節　教育経営の「現場」としての学校監督を読み解くために

1．学校監督は PISA 後の教育政策をどう見ているか

　これまで、NRW 州における三段階の学校監督機関の当事者の視点から学校監督の現状を捉えてきた。最高学校監督庁（州文部省）、上級学校監督庁、下級学校監督庁のいずれも、スタンダードやコンピテンシー指向の政策そのものは総じて支持されていた。一方で、「教育上の自由」の原則により単に上意下達的で一方的な集権性とは言えない状況も確認された

　すでに最初の PISA ショック（2001年）から十数年を経た現在、学校監督当局者として勤務している職員自体も、PISA 前後の政策転換を経験した世代から PISA 後世代へとシフトしつつある。PISA 後世代の学校監督職員にとっては、スタンダードやコンピテンシー指向の政策は既定路線であり、自明の潮流のようになっているとも考えられる。それでも調査時には、ときおり学校監督の内部における葛藤が見られたように、たとえ権限配分において上意下達の構造が存在しても、現実にはそれが透徹されえないことが垣間見られる。[7]

　「教育上の自由」については、スタンダード政策によりバランスがとられるようになったとの見解が学校監督の当事者には支配的であった。同時に、「教育上の自由」そのものの意義を否定する見解は聞かれず、常にバランスの問題として語られている。[8] 補足すれば、しばしば州を超えた「国家的」なスタンダードとも揶揄される KMK の教育スタンダードさえ、当事者には必ずしも上意下達とは映っていない。KMK が各州の文部大臣からなる合議体であることや、策定過程に研究者や多様なアクターが参加し一定の合意形成を経ているためだ。

2．学校監督はどう見られているか

　インタビューに内在する難しさではあるが、調査で表明された見解をそのまま実際の状況と同一視することは早計である。とくに、学校監督内部の当事者の場合、州の教育政策を公に担う立場として、政策への批判的見解を示すことは容易ではない。そのため、当事者の外部の声にも耳を傾ける必要がある。そ

補　章　ドイツ研究からの教育経営の「現場」再考　　*159*

こで以下、学校監督の外部の声として、研究者、教員、生徒の声を取り上げる。

　まず、学校監督の変容について、研究者はどのように捉えているのだろうか。著名な教育法学者アヴェナリウス（Avenarius, H.）は、「かつては学校監督庁がすべてを決定していたが、今日では（…）学校と対話しなければならなくなった」と学校監督の変容も指摘する。NRW 州での学校とかかわりの深い教育学者の声として、アムライン（Amrhein, B.）教授は「教員に寄せられる要求が増えすぎ、いまや教員は『疲れ果てている』状況にある」と述べる。また、著名な法学者フュッセル（Füssel, H.-P.）は、「巷に言われる『インプットからアウトプットへ』は正しくない。インプット『および』アウトプットのコントロールが現実である。従来よりも厳しくなっている。（…）教育上の自由は実践レベルでは方法論に限定されるようになった」と述べている。学校開発論の主唱者ロルフ（Rolff, H.-G.）は、「1990～2000年代が学校開発論の最盛期だった。多くの政治家も個々の学校内部から学校開発が起こると信じていた。（…）その後、PISA ショックへ。それが学校開発の終焉だった。国家が再び支配者になり、スタンダード、外部評価の流れへ。学校はテスト機関になった。『国家的な』学校開発へと変容した」と語る。

　研究書における記述を見ると、『学校法学』（前掲）の PISA 以前の第 6 版 Avenarius/Heckel（2000）から最新の第 9 版 Avenarius/Heckel（2019）まで「教育上の自由」の原則に見るべき修正は加えられていない。教育判例研究の代表的論者ベーム（Böhm, T.）もまた、PISA 前後で自著の第 3 版 Böhm（2001）と最新の第 6 版 Böhm（2010）で「教育上の自由」について修正をしていない。PISA 後の教育改革の中でも「教育上の自由」の原則には一貫性が見られる。

　教員自身はどのように感じているのだろうか。PISA 後の教育スタンダードの導入について、ある NRW 州の総合制学校教員は「外部からのスタンダードには問題があります。（…）州統一テストなど、『外部』から学校がどう見えるかという点に重きが置かれてしまうからです」と述べている。また、NRW 州の実験学校を基点に全国にネットワークをもつオルタナティブ・スタンダードの自主制定運動『柵をこえて見る』に参画している教員は、この運動の意義について「州スタンダードを無効化するものです」と語る。これらは、「教育上の自由」が今なお一定の実体をともなっていることを示している。学校監督から見た場合には「教育上の自由」との均衡から教育スタンダードが機能していると見られ

ていたが、逆の側からは「教育上の自由」の原則があることで学校監督の無制限な肥大化が抑止されているとも考えられる。

ここまで、「国家の学校監督」と「教育上の自由」の関係を二項対立的に捉え検討してきたが、生徒から見れば学校監督であれ教員であれ、自分たちに権力的に介入する可能性がある相手となりうる。そのため生徒の声にも耳を傾ける必要がある。NRW州の州生徒会の代表の職業学校生徒（16歳）と総合制学校生徒（16歳）によれば、州生徒会にとって大事なのは自分たちが政党・政治家に何を求め、何を獲得できるかということであると言う。すべての生徒に6段階の評点のいずれかを与える成績評価について、州生徒会は「学校の中だけで良い子、下校後に悪い子」をつくりうると批判する。一方、自分たちが受けている授業では、テスト対策のようになっているとの印象はなく、統一テストには教員が教えてくれなかったことも出題されていると語る。州生徒代表は、聞き取り調査を次のようなコメントで結んだ。「50歳、60歳の大人が、上から下へ学ぶことを決めるのではなく、生徒自身が学びたいものを自ら考えるのが教育（Bildung）です。（…）将来に自分の生活に生きることを学びたいのです。」

第5節　おわりに──教育経営の相克

教育の公的責任はどのように分配されるべきなのか。また、変わりゆく社会の中で、公教育の専門性は誰がどのように担っていくべきなのだろうか。

教育経営研究の拡張の可能性は、もちろん学校経営に限局されず、私立学校やいわゆる一条校以外のフリースクールや民間学習塾、図書館・博物館・公民館などの社会教育関連施設、あるいは児童福祉施設や少年司法施設など、そしてそれらを扱う行政など、多様な「現場」を検討する可能性が存在する。本章では、これら多方面への拡張の一例として、ドイツの学校監督に焦点をあてた。

筆者が初めてドイツの学校を訪れた2000年はちょうど第1回PISAの結果結果発表前の時期であり、次にドイツの学校を訪れた2002年はPISAショック直後の混乱の渦中であった。そこから今日まで数多の教育改革を目の当たりにしながら研究してきたことになる。確かに、PISAショック以後、学校も学校監督の「現場」も変容した。「国家の学校監督」は、かつての直接介入的な様態から、間接的で支援的なものへと変容したと言える。「国家の学校監督」の権能は、衰えたとは言えないが、「教育上の自由」もまた形骸化したとは言えず、

なおも緊張概念であることを維持している。ここで、「国家の学校監督」であれ「教育上の自由」であれ、子どもにとっては権力的支配の主体にもなりうる。だからこそ生徒の教育参加も制度化されている。

本章第1節で紹介した久保氏の「提言書」と処分の事例について、ドイツ研究のフィルターを通して振り返ってみたい。学校の権限ではどうにもならないような問題に直面した校長が教育行政や一般行政へ具申し処分されるという事態は、教員の「教育上の自由」が実定法化されていない社会であるがゆえに、教育行政の権限の範囲・限界が自覚されにくい問題と相俟っている。他面、市民レベルで「応援団」が結成され、それを基点として活発な動きを見せてきた。教育行政や市民社会、さらにはメディアや海外研究者等とつながりながらの活動は、教育経営の「実践」なのだろうか「研究」なのだろうか。おそらくこの二分法のいずれでもない。両者が融合した広義の教育経営の研究であり実践でもあると考える。そして、教育経営の「現場」は学校に限局されず多様に存在し、さらに教育経営の当事者も教職員や教育行政職員に限局されず市民社会の中に様々に存在している。それぞれに存する「臨床の知」（中村 1992）もある。

本章の主題であった「教育経営研究の拡張」に寄せて、教育経営が学校経営や学校教育行政に限定して捉えられること自体にも課題がある。北神（2009）は、河野重男による「教育経営」概念の理解を次のように確認している。「教育経営が学校経営と同義に受け止められるむきもあるが、それは教育主体や教育機関を学校に限定しているため」であり、「今日では、家庭教育・学校教育・社会教育・企業内教育など、およそ社会のあらゆる教育の営みを全体的にとらえ、また、幼児教育から青少年教育、高齢者教育に至る全過程を関連的・総合的に把握する教育の経営という視点が要請される」（北神 2009：25）。

結びに、混迷を極める現代社会において、今日の公教育の現実は、一方ではグローバル化が身近な生活レベルにまで浸透し、他方ではアイデンティティを揺るがされている国家がますます教育に活路を求め教育が「再国家化」されるという逆説現象に直面している。グローバル化の中でさえ国家はその存在感を希薄化させていないばかりか、教育の世界においてその存在感を強めてさえいる（グリーン 2000）。この社会変動に対応しうる新たな「国家の学校監督」と新たな「教育上の自由」とは何だろうか。その再定位が求められている。

注

1） なお、「訓告」は「懲戒」（免職・停職・減給・戒告）には含まれないが、事実上の措置として運用されている実態をふまえて、本章では「処分」と表記する。

2） 略称「ガッツせんべい応援団」。由来は、学校勤務時代の久保氏が子どもから呼ばれていた愛称。団体サイト〈https://blog.goo.ne.jp/kubochan〉

3） 最近では海外メディアも注目するところとなり、2024年5月7日には日本外国特派員協会（FCCJ: The Foreign Correspondents' Club of Japan）で会見が開かれた。〈https://www.fccj.or.jp/event/press-conference-who-rules-public-schools〉

4） 同調査は、平成26〜28年度科学研究費助成研究基盤研究(B)（海外学術調査）「PISA後のドイツにおける学力向上政策と教育方法改革」（研究代表者：久田敏彦／課題番号：26301037）の一環として実施した。調査者は、高橋英児氏（山梨大学）および中山あおい氏（大阪教育大学）と筆者・辻野の計3名である。

5） なお、NRW州文部省は、正式名称を「Ministerium für Schule und Weiterbildung des Landes Nordrhein-Westfalen」と言う。

6） 以下の引用文中の「（　）」内の補説および中略「（…）」はいずれも引用者による。

7） NRW州調査と並行して実施したBW州調査でも、州文部省が「文部省が1つの方向性を示すのではなく、地区学校局との間での対話が重要になっている点で、かつてとは異なる」（課長／2016年9月21日）と述べていたり、地区学校局が「私たちは上級学校監督と違い現場に近い」「上級学校監督は必要ない、といった議論もある」（局長／2016年9月19日）といった批判的な本音を垣間見せていたりしている。

8） この傾向は他州での調査からも共通してみられる特徴となっている。例えば、旧東ドイツに位置するブランデンブルク州文部省は次のように言明している。「かつての東ドイツ（DDR）の学校監督は非常に厳しいものでした。（…）『教育上の自由』は西ドイツから来た民主的な概念なのです」（一般教育学校監督課／2007年10月1日聞き取り）。

9） ドイツ国際教育研究所（DIPF）／2015年2月17日聞き取り。

10） ビーレフェルト大学／2016年9月14日聞き取り。

11） ベルリン／2015年9月11日聞き取り。

12） ドルトムント工科大学／2015年2月20日聞き取り。

13） NRW州総合制学校／2019年3月21日聞き取り。

14） NRW州実験学校／2019年3月21日聞き取り。

15） なお、「教育上の自由」概念と法制の現状については辻野（2016）、辻野（2009）で詳述した。

16） デュッセルドルフ／2016年9月16日聞き取り。正式名称は「LandesschülerInnenvertretung NRW」。法的保障をうけた教育参加組織として、学校生徒会、郡・市生徒会とともに州レベルの生徒会として設置されている。詳しくは、辻野（2018）参照。

参考文献

遠藤孝夫（2004）『管理から自律へ──戦後ドイツの学校改革』勁草書房。

北神正行（2009）「『地域教育経営』論の再検討課題と教育経営学」『日本教育経営学会紀

要』51、23-33。

久保敬（2022）『フツーの校長、市長に直訴！──ガッツせんべいの人権教育論』解放出版社。

坂野慎二（2017）『統一ドイツ教育の多様性と質保証──日本への示唆』東信堂。

辻野けんま（2023）「大阪の教育と草の根民主主義──久保校長の提言書、その後」『世界』975（2023年11月号）、77-85。

辻野けんま（2019）「国家の学校監督と「教育上の自由」の現在──ポスト国民国家時代の公教育の相克──」久田敏彦監修・ドイツ教授学研究会編『PISA 後のドイツにおける学力向上政策と教育方法改革』八千代出版、151-173。

辻野けんま（2018）「学校の『専門性』をひらく──教員・保護者・子どもの合意形成によるドイツの学校経営──」『公教育の問いをひらく』デザインエッグ社、69-87。

辻野けんま（2017）「ドイツにおける学校監督の現在── BW 州と NRW 州における三段階の学校監督機関への訪問調査から──」2014～2016年度科学研究費補助金助成研究・基盤研究(B)（海外学術調査）最終報告書『PISA 後のドイツにおける学力向上政策と教育方法改革』（研究代表者：久田敏彦／課題番号26301037）、115-136。

辻野けんま（2016）「ドイツの学校は国家とどう付き合ってきたか」末松裕基編著『現代の学校を読み解く──学校の現在地と教育の未来──』春風社、297-331。

辻野けんま（2009）「ドイツにおける『教師の教育上の自由』論の現状── J. ルクスと H. ビスマンによる 2 つの新たな理論──」『比較教育学研究』38、25-46。

中村雄二郎（1992）『臨床の知とは何か』岩波新書。

久田敏彦監修・ドイツ教授学研究会編（2019）『PISA 後のドイツにおける学力向上政策と教育方法改革』八千代出版。

前原健二（2023）『現代ドイツの教育改革──学校制度改革と「教育の理念」の社会的正統性』世織書房。

結城忠（2019）『ドイツの学校法制と学校法学』信山社。

グリーン、A.（2000）『教育・グローバリゼーション・国民国家』大田直子訳、東京都立大学出版会。

Avenarius, H./Heckel, H. (2000) Schulrechtskunde, 7. Aufl., Neuwied/Kriftel.

Avenarius, H./Füssel H.-P. (2010) Schulrecht, 8. Aufl., Carl Link.

Avenarius, H./Hanschmann, F. (2019) Schulrecht, 9. Aufl., Carl Link.

Becker, H. (1954) Die verwaltete Schule: Gefahren und Möglichkeiten, In: Merkur, 8. Jahrgang, Heft 82, S. 1155-1177.

Böhm, T. (2001) Schulrechtliche Fallbeispiele für Lehrer, 3. Aufl., Luchterhand.

Böhm, T. (2010) Schulrechtliche Fallbeispiele für Lehrer, 6. Aufl., Carl Link.

Böhm, T. (2017) Schulrechtliche Fallbeispiele für Lehrer, 7. Aufl., Carl Link.

Brackhahn, B./Brockmeyer, R./Gruner, P. (Hrsg.) (2004) Schulaufsicht und Schulleitung, Luchterhand.

Buchen H./Rolff H.-G. (Hrsg.) (2006) Professionswissen Schulleitung, Weinheim und Basel, Beltz.

Buchen H./Rolff H.-G. (Hrsg.) (2019) Professionswissen Schulleitung, 4. Aufl.,

Weinheim und Basel, Beltz.

Fend, H. (2008) Schule gestalten: Systemsteuerung, Schulentwicklung und Unterrichtsqualität, VS Verlag für Sozialwissenschaften, Wiesbaden.

Rolff, H.-G./Schmidt, H.-J. (Hrsg.) (2002) Brennpunkt Schulleitung und Schulaufsicht; Konzepte und Anregungen für die Praxis, Luchterhand.

Rux, J. (2002) Die pädagogische Freiheit des Lehrers, Berlin.

（辻野けんま）

あ と が き

　本書では、教育経営における GRP（good report of practice：実践の良い報告）
の在り方について考えてきた。第Ⅰ部で今まさに取り組まれている実践事例を
当事者に語っていただき、第Ⅱ部、第Ⅲ部では、このような実践事例を語るこ
と、記述すること、研究論文にしていくことを多面的に考えてみた。本書での
議論からは、教育経営学という領域において、実践事例を取り上げ記述し、そ
れを研究することを考えた時に、改めて自覚されるべき課題として、おおよそ
次のような三点が導かれたと考える。

　第一は、教育経営の実践研究に関する転換点ともいえる「臨床的アプロー
チ」の再考である。本書第10章で石﨑が整理したように、日本教育経営学会で
は、2000年以降特に近代科学的知を批判する潮流の中で注目されつつあった
「臨床の知」に向き合う教育経営研究が構想されてきた。そこには、知の非階
層性や、科学的合理的知とは異なるけれども、それと対等な価値を持つ臨床の
知への着目があった。またそれは、実践と研究の乖離に対する問題提起でも
あった。しかし、日本教育経営学会がこのような実践と研究の関係を認知し、
科学性と対等なもう一つの評価軸（臨床性や実践的妥当性）によって実践事例を
眺める実践／研究コミュニティとなりえているか否かを問うならば、今のとこ
ろそれはまだ道半ばなのではないか。

　第二の課題は、例えば、学習指導や生徒指導の事例とは異なる教育経営の実
践事例を記述する担い手を育て、事例を蓄積する場はどこにあるか、という問
題である。今日の学校では、純粋に実践記録と言いうるような事例の蓄積自体
が十分に機能していないと思われる。わかりやすい方法論やすぐに使えそうな
ツールは伝播するけれども、実践そのものは共有されない事態が拡大している。
そのような中、自らの実践経験や他者の挑戦的な実践、新しい試みなどに意味
を見出し、広く共有したいと考えている実践者が実践事例を記述し、公表しな
がら丁寧に吟味する場を提供する責務が学会にもあるのではないか。

　第三の課題は、「実践事例の記述」や「実践研究論文」に求められる要件の
議論が十分なされていない点である。場を用意していくことが学会として役割
範囲に含まれると考えるならば、そのような場に持ち込まれる実践事例はどの

ように記述されている必要があるのか。この点を学会内の議論によって共有可能な見通しへと練り上げていかなければならない。科学的合理的知を創出する事例のみでなく、スクールリーダー教育の教材（学習材）になりうるような事例や、教育という社会的営為の理解に対して根本から問題提起をするような実践、すなわち、多くの議論を引き出す可能性がある実践事例などの取り上げ方についても視野に入れていくことが必要である。髙谷が図7-2（70頁）で図示したように、実践の記述自体には複数の在り様があるのである。

　また、実践の記述には、「学術的貢献／実践的貢献」、「科学的合理的知の産出／実践的有意味性の創造」、「再現性・一般化可能性／一回性・個別文脈性」など、複数の二項対立に見える価値の置かれ方がある。しかし、本書の議論が確認しようとしてきたことは、これらの二項対立は疑似的なものでしかないということである。一之瀬が図11-3（122頁）で示したように、実践に関する記述は、複数の評価軸の間を循環しながら多様に位置付けられ、意味付けられる。一人一人の実践／研究当事者は、これらの図の中の多様なフェーズに自らを置きながら、その場に固執せずに実践と研究の間を行き来できる存在である。むしろ、多様な価値観の間を自由に行き来することで自身の実践に対する省察が深まり、研究が深化する、すなわち職能が発達すると考えることができる。

　その時に、この人々の往還を支え促進する場として、教職大学院や学会が役割を果たさなければいけないと考える。教職大学院の制度化という大きな環境変化を背景として、教育学関連諸学会はその機能や役割の変化を迫られている。今期の日本教育経営学会実践推進委員会は、できる限り真摯にこの課題に向き合い、学会の責務を確認してきたつもりである。その成果でもある本書が、多くの志ある人々の手に取られ、実践を語り、記述し、多様な価値の往還プロセスに参加される契機となることを期待したい。そして、そこから実践の議論が活性化し、新たな実践／研究コミュニティが創発されれば幸いである。

　最後に、晃洋書房の山本博子氏には、出版事情の厳しい中での出版をお引き受けいただき、多大なる編集の労をお取りいただいた。氏のご協力がなければ本書の完成は不可能であった。ここに記してお礼申し上げたい。

　2025年2月

安　藤　知　子

索　　引

〈アルファベット〉

early career　146
GP（グッド・プラクティス）　1, 77
GRP　2, 60
ICT　10
IMPRAD 形式　130
IMRAD 形式　130
NPO　40
PISA ショック　154

〈ア　行〉

生きる力　29
イノベーション　19
大阪市教育振興基本計画　25
オルタナティブ・スタンダード　159

〈カ　行〉

開発実践報告　129
学術研究論文　138
学問的価値　78, 80
囲い込み　74
課題対応能力　9
カタリバ　40
学会　99, 138
学会誌　146
学校監督
　下級——　157
　国家の——　152, 160
　最高——　154
　上級——　155
学校支援コーディネーター　44
学校組織　55
葛藤　13, 81, 82
カリキュラム　81
カリキュラム・マネジメント　84
管理　116
企画主任　22
義務教育学校　8
教育行政　25, 41
教育経営研究　160, 161
教育経営実践　81-83

教育経営実践の記述　66
教育実践記録　79, 81
教員集団　53
教育上の自由　152, 158-160
協議・演習　85
教師の研究　3
教職員支援機構　84
教職員の協働　14
教職大学院　49, 79, 140
行政連携　46
切り取り　74, 76, 78, 80
グランドデザイン　27
経営　81
経験　117
ケース（Case）　75
ケーススタディ（Case Study）　73, 75
ケースヒストリー　79
ケースメソッド　79
ケースワーク　79
研究コミュニティ　105
研究実践事例　63
研究の言語・文法　70
研究方法論　76
研究倫理　148
研修　84
個人情報保護　148
個別文脈性　97
困難　81, 82

〈サ　行〉

自己開示　26
事象群（class of events）　75
静岡県舞台芸術センター　34
静岡ブルーレブズ　37
実践　108, 118, 138
実践記録　121
実践研究　62, 121
実践研究論文　138
実践行為　121
実践者　80
実践事例　5, 61, 79, 100
　極端な事例　77

決定的な事例　77
縦断的・後続的な事例　77
受講者事例　93
先進事例　77, 93
典型的な事例　77
特異な事例　76
実践事例研究会　4
実践的価値　81
実践報告　79
修正主義　116
集団づくり　11
主体　47
情報共有　11
ショーン、D.　139, 143
調べる力　9
自律的な教師　115
事例　72-74, 78, 79
事例記録　78
事例研究　73, 78-80
事例研究法　74-80
事例校　77
事例報告　75
スクールリーダー　50
スタンダード　156-158
正解主義　116
専門家　80
専門性の保障　106
組織　81
組織づくり　14

〈タ　行〉

多様性　109

チーム学校　28
チームビルディング　12
中央研修センター　84
提言書　24, 151, 161
データ　106
デザイン思考　17
デューイ、J.　139, 142
統合企画主任　21
当事者　80, 82
同僚性　12

〈ナ・ハ行〉

内省　81, 82
日本教育経営学会　99
バトラー、J.　142
東日本大震災　40
ファシリテート　46
プラグマティズム　147
ふるさと科　43
フレイレ、P.　142

〈マ・ヤ・ラ行〉

マネジメント　116
未来の下田創造プロジェクト部会　16
理論　121
理論と実践の往還　49, 129
臨床的アプローチ　105
倫理審査　148
類的統一性　148
連帯　142

《著者紹介》（執筆順、＊は編著者）

＊安 藤 知 子（あんどう　ともこ）［序章・第6章］

上越教育大学大学院学校教育研究科教授。筑波大学大学院博士課程教育学研究科単位取得退学。
主な著書・論文に、『教師の葛藤対処様式に関する研究』（単著、多賀出版、2005年）。『学級の社会学——これからの組織経営のために——』（共編著、ナカニシヤ出版、2013年）、「『コミュニティ・スクール』の事例における教職の専門性」『学校ガバナンス改革と危機に立つ「教職の専門性」』（共著、学文社、2020年）、「学校組織マネジメントを深める・究める——学習する組織づくりのディシプリン——」『学校教育を深める・究める』（共著、三恵社、2022年）。

山 下 雅 道（やました　まさみち）［第1章］

姫路市立中学校教諭（社会科）、姫路市教育委員会指導主事・管理指導主事、姫路市立中学校教頭、姫路市立中学校校長、姫路市立義務教育学校校長を経て、現在、姫路市立あかつき中学校（夜間中学校）校長。

井 上 幸 史（いのうえ　こうじ）［第1章］

姫路市立小学校教諭、姫路市教育委員会指導主事・管理指導主事、姫路市立小学校教頭、姫路市立義務教育学校教頭を経て、現在、姫路市立城北小学校教頭。

佐々木浩彦（ささき　ひろひこ）［第2章］

下田市立中学校教諭（美術科）。静岡大学教職大学院在籍中は学校再編について研究し、下田市の新中学校開校準備に参画。事例となった「未来の下田創造プロジェクト会議」はその中心的な取組である。現在は、勤務校においてコミュニティ・スクールを活用したキャリア教育を推進し、企画主任としては、教育委員会と協働で上記会議の企画・運営を行っている。

武 井 敦 史（たけい　あつし）［第2章］

静岡大学教育学領域教授。合同会社テラファイル代表社員。筑波大学大学院博士課程教育学研究科単位取得退学。
主な著書・論文に、『地場教育　此処から未来へ』（編著、静岡新聞社、2021年）。『「ならず者」が学校を変える——場を活かした学校づくりのすすめ』（教育開発研究所、2017年）。『クリシュナムルティ・スクールの民族誌的研究』（多賀出版、2003年）。雑誌『教職研修』に「学校づくりのスパイス　異分野の知に学べ」を連載中。

久 保　　敬（くぼ　たかし）［第3章］

元大阪市立小学校長、2022年3月定年退職。NPO法人 School Voice Project 理事。2021年5月、松井一郎大阪市長に「提言書」を送付するも、教育公務員としての職の信用を傷つけたとして、2021年8月「文書訓告」の処分を受ける。

＊長 倉　　守（ながくら　まもる）［第4章・第12章］

岐阜大学大学院教育学研究科教職実践開発専攻准教授。愛知教育大学大学院・静岡大学大学院教育学研究科共同教科開発学専攻博士課程修了。公立中学校教諭および教頭、県教育委員会指導主事などを経て現職。
主な著書・論文に、「総合的な学習の時間のカリキュラム開発の支援に関する教育委員会の在り方——静岡県富士宮市『富士山学習』における教育長のビジョンに着目して——」『学校教育研究』36、90-104（2021年）、「地理的な見方・考え方を働かせる単元カリキュラムの開発に関する実践的研究——中学校社会科地理的分野『世界の諸地域』を事例として——」『学校教育研究』37、154-167（共著、2022年）がある。

小野田秀生（おのだ　ひでき）［第4章］
　静岡県公立高等学校、静岡県教育委員会教育総務課、高校教育課等での勤務、静岡県立清水南高等学校校長を経て、現在、静岡県立静岡中央高等学校校長。上越教育大学大学院への派遣研修経験を有する。豊富な学校経験や行政経験を活かし、高等学校が直面する諸課題に挑んでいる。

菅野祐太（かんの　ゆうた）［第5章］
　2011年よりNPOカタリバ職員として東日本大震災津波で被災をした大槌町の教育復興に取り組む。2017年より大槌町教育専門官。現在は兵庫教育大学大学院教育政策リーダーコース准教授と兼務。

元生安宏（もといき　やすひろ）［第6章］
　京都教育大学大学院連合教職実践研究科で、学校経営について学ぶ。現在は、京都市立小学校の教頭として、学校づくりを進めている。

滝沢雅則（たきざわ　まさのり）［第6章］
　新潟県公立中学校教諭として採用され、研究主任として教員同士の関係性についての研修構築に取り組む。上越教育大学大学院への現職教員派遣を経て、現在は、上越教育大学附属中学校にて対話による教員の相互作用についての取組を行っている。

中川大介（なかがわ　だいすけ）［第6章］
　滋賀大学教職大学院・学校経営力開発コースで学校組織開発についての研究を進める。現在、彦根市立小学校教頭として大学院での学びを実践につなげている。

＊髙谷哲也（たかたに　てつや）［第7章］
　鹿児島大学学術研究院法文教育学域教育学系准教授。大阪市立大学大学院文学研究科人間行動学専攻後期博士課程修了。
　主な著書・論文に、「日本の教員人事評価の課題と改善方策──人事管理と教員の職務特質の観点からの一考察──」日本教師教育学会編『日本教師教育学会年報』14、92-101（2005年）。「教師の集団での学習の場としての校内研修に関する研究の発展可能性」日本教師教育学会第10期研究部課題研究Ⅰ部会編『教師教育研究の成果と課題──新たな地平を切り拓く──』67-77（2021年）。「教師教育に携わる大学教員が向き合う『省察』言説の特徴と展望」山﨑準二・高野和子・浜田博文編『「省察」を問い直す──教員養成の理論と実践の検討──』127-142（学文社、2024年）。

＊朝倉雅史（あさくら　まさし）［第8章］
　筑波大学人間系教育学域助教。筑波大学大学院人間総合科学研究科博士後期課程体育科学専攻単位取得退学。教科指導や学校経営に関わる教員の専門性と職能発達について研究している。
　主な著書・論文に、「NPM型改革下の教師教育スタンダード政策における省察概念」山﨑準二・高野和子・浜田博文編『「省察」を問い直す──教員養成の理論と実践の検討──』165-181（学文社、2024年）、「学校経営の分権化・自律化における校長のリーダーシップ発揮の実態とその支援条件：校長の課題認識の差異に着目して」『日本教育経営学会紀要』65（共著、2023年）、『探求　保健体育教師の今と未来20講』（共編著、大修館書店、2023年）などがある。

＊吉田尚史（よしだ　なおふみ）［第9章］

山形大学学術研究院（大学院教育実践研究科主担当）講師。筑波大学大学院人間総合科学研究科博士後期課程教育基礎学専攻単位取得満期退学。

主な著書・論文に、「『災害経験の継承』をねらいとしたカリキュラム改革の意義と課題──福島県双葉郡における『ふるさと創造学』の策定過程──」『日本教育経営学会紀要』63、87-104（2021年）、「被災地公立学校を支援する自治体を超えた協働組織の意義と課題──福島県双葉郡における「ふるさと創造学」の展開過程の事例分析──」『日本学校教育学会年報』5、24-40（2023年）、「第13章　学校安全と学校の危機管理」吉田武男監修、浜田博文編著『MINERVA はじめて学ぶ教職⑨　学校経営』（ミネルヴァ書房、2019年）。

＊石﨑ちひろ（いしざき　ちひろ）［第10章］

常磐短期大学幼児教育保育学科准教授。筑波大学大学院人間総合科学研究科博士後期課程教育基礎学専攻単位取得満期退学。

主な著書・論文に、「学校教育における多様な性の取り扱いに関する一考察」筑波大学学校経営学研究会『学校経営学論集』5、14-23（2017年）、「管理職としての女性教員のキャリア形成に関する一考察」常磐大学教職センター紀要『教職実践研究』4、13-23（2020年）、「これまでの紀要における〈実践事例〉の扱いの変遷──内容と重視してきたこと──」『日本教育経営学会紀要』65、170-172（2023年）。

＊一之瀬敦幾（いちのせ　あつき）［第11章］

元・常葉大学准教授。愛知教育大学大学院・静岡大学大学院教育学研究科共同教科開発学専攻博士課程修了。

主な著書・論文に、「『生きる力』を育成する『主体的・対話的で深い学び』および『カリキュラム・マネジメント』に関する考察」『愛知教育大学大学院・静岡大学大学院教育学研究科教科開発学論集』(6)11-21、(2018年)、「教師の資質能力向上および学校組織の活性化を図る評価システムに関する研究──教科開発学を視野に入れた教師の資質能力向上と学校組織の往還──」（博士論文、2015年）、「資質能力向上を目的とする教員評価システムの理論的考察とモデルの作成」『愛知教育大学大学院・静岡大学大学院教育学研究科教科開発学論集』(3)21-31、(2015年)。

＊柏木智子（かしわぎ　ともこ）［第13章］

立命館大学産業社会学部教授。大阪大学大学院人間科学研究科博士後期課程修了。

主な著書・論文に、『子どもの貧困と「ケアする学校」づくり──カリキュラム・学習環境・地域との連携から考える』（明石書店、2020年）、『貧困・外国人世帯の子どもへの包括的支援──地域・学校・行政の挑戦』（共編著、晃洋書房、2020年）、『子どもの思考を深める ICT 活用──公立義務教育学校のネクストステージ』（共編著、晃洋書房、2023年）、『「探究学習」とはいうけれど──学びの「今」に向き合う』（共編著、晃洋書房、2024年）。

＊辻野けんま（つじの　けんま）［補章］

大阪公立大学大学院文学研究科准教授。京都府立大学大学院福祉社会学研究科博士後期課程単位取得満期退学。

主な著書・論文に、『コロナ禍に世界の学校はどう向き合ったのか──子ども・保護者・学校・教育行政に迫る』（共編著、東洋館出版社、2022年）、『世界の学校』（共編著、放送大学教育振興会、2024年）、「ドイツの学校は国家とどう付き合ってきたか」末松裕基編著『現代の学校を読み解く──学校の現在地と教育の未来──』（共著、春風社、2016年）。

新しい学校を創る教育経営
──学校の見方を変える。実践を記述する。──

2025年3月20日　初版第1刷発行	＊定価はカバーに 　表示してあります

編著者	日本教育経営学会 実践推進委員会 安　藤　知　子 髙　谷　哲　也 朝　倉　雅　史 一之瀬　敦　幾ⓒ 柏　木　智　子 辻　野　けんま 長　倉　　　守 石　﨑　ちひろ 吉　田　尚　史
発行者	萩　原　淳　平
印刷者	江　戸　孝　典

発行所　株式会社　晃　洋　書　房
〒615-0026　京都市右京区西院北矢掛町7番地
電話　075 (312) 0788番㈹
振替口座　01040-6-32280

装丁　谷本豊洋　　　　印刷・製本　共同印刷工業㈱
ISBN978-4-7710-3927-8

JCOPY　〈(社)出版者著作権管理機構　委託出版物〉
本書の無断複写は著作権法上での例外を除き禁じられています.
複写される場合は，そのつど事前に，(社)出版者著作権管理機構
(電話 03-5244-5088, FAX 03-5244-5089, e-mail: info@jcopy.or.jp)
の許諾を得てください.